Inhaltsverzeichnis

Julian Fenten

Digitales Lernen
der Zukunft

Aufbau und Erfolgsfaktoren von Lernmanagementsystemen

Bibliografische Information der Deutschen Nationalbibliothek:

Die Deutsche Nationalbibliothek verzeichnet diese Publikation in der Deutschen Nationalbibliografie; detaillierte bibliografische Daten sind im Internet über http://dnb.d-nb.de abrufbar.

Impressum:

Copyright © Science Factory 2020

Ein Imprint der GRIN Publishing GmbH, München

Druck und Bindung: Books on Demand GmbH, Norderstedt, Germany

Covergestaltung: GRIN Publishing GmbH

II

Abkürzungsverzeichnis

CLT	Cognitive Load Theory
CoI	Community of Inquiry
ERP	Enterprise Resource Planning
HTML	Hypertext Markup Language
HRM	Human Resources Management
KOPING	Kommunikative Praxisbewältigung in Gruppen
LMS	Lernmanagementsystem/e
LXP	Learning Experience Platform
MOOCs	Massive Open Online Courses
TAM	Technology Acceptance Model
TPC	Technology Performance Chain
XML	Extensible Markup Language

Abbildungsverzeichnis

Tabellenverzeichnis

1 Einleitung

Unsere Gesellschaft entwickelt sich immer mehr zu einer Wissensgesellschaft, in der lebenslangem Lernen und einer optimalen Gestaltung von Lernprozessen eine stetig steigende Relevanz zukommen [Ste15]. Die Digitalisierung befindet sich in einer rasanten Entwicklung und bietet gänzlich neue Möglichkeiten für die Konstruktion von Lernprozessen und den Zugang zu Informationen [AKAG15, Ker13, LPF18]. Jedoch ist die Euphorie um die Jahrtausendwende, digital gestütztes Lernen wäre die Lösung aller Bildungsherausforderungen, mittlerweile abgeklungen [Bou17]. Dennoch kann in Zukunft mit immer facettenreicheren Lernszenarien gerechnet werden, welche die neu entstehenden Möglichkeiten ausloten und nutzen. So können beispielsweise Lernpfade besser auf das Individuum abgestimmt werden oder Lehrende entlastet werden [LPF18, Bou17, DM15, Ker13]. Sowohl in der betrieblichen Weiterbildung als auch in Hochschulen spielt Software für die Verwaltung von Lernen eine zentrale Rolle und ist dementsprechend weit verbreitet [Bou17, Sch17, MK09, Mar06]. Die Diskussion wird inzwischen kaum noch von der Frage geprägt, ob die Digitalisierung in den Lehr- und Lernprozess miteinbezogen werden sollte, sondern vielmehr wie diese Lernangebote gestaltet werden können [Ker13, DM15].

Die vorliegende Arbeit folgt den Tendenzen des Diskurses und befasst sich daher mit der Frage, wie *Lernmanagementsysteme* (LMS) aufgebaut und organisiert werden können, um Lehr- und insbesondere Lernprozesse optimal zu unterstützen. LMS sind Softwareumgebungen, die für die Organisation und Durchführung des virtuellen Lehrens und Lernens genutzt werden [Sch17, S. 1ff.]. Über die bloße Zusammenstellung von Inhalten hinaus verfügen diese jedoch über weiterführende Funktionalitäten, wie eine Administration von Benutzern, Rollen und Rechten sowie eine Verwaltung der Kurse und Lernobjekte [Sch17]. Sie differenzieren sich außerdem von einfacheren Systemen durch Kommunikationsmöglichkeiten und Instrumenten zum Arbeiten innerhalb der Plattform [Sch17]. Umgangssprachlich findet sich aufgrund der großen Verbreitung häufig auch der Begriff „Lernplattform". Dieser wird zum Teil als gleichbedeutend mit dem Begriff LMS verstanden [BHM04, S. 98]. Zum Teil werden unter diesem Begriff aber auch die simpleren Lernportale gefasst, die lediglich Lerninhalte in Katalogform darstellen [Bou17, S. 2]. LMS fallen in den Bereich des *eLearnings*, welches ein Oberbegriff für alle Varianten der Nutzung von Informations- und Kommunikationstechnologien zu Lehr- und Lernzwecken ist [Ker13, ESS15].

Im folgenden Abschnitt (vgl. Kapitel 2*)* wird auf die Funktionalitäten und die technischen Erfolgsfaktoren von LMS eingegangen. Diese Betrachtung scheint notwendig, da die technischen Eigenschaften eine elementare Bedeutung für die Unterstützung des Lernprozesses haben [z. B. Sch17, MK09, GT95]. Eine wichtige Rolle spielen hierbei die Monographie „Lernplattformen für das virtuelle Lernen" des deutschen Pädagogen Rolf Schulmeister sowie theoretische Modelle zur Nutzung von Informationssystemen. Im *dritten Kapitel* werden weitere Erfolgsfaktoren aus didaktischer Sicht betrachtet. Die interdisziplinäre Herangehensweise an die Thematik erscheint vor dem Hintergrund erforderlich, dass LMS immer weniger durch technische Limitationen beschränkt sind und immer mehr auf Basis von pädagogischen und psychologischen Erkenntnissen entwickelt werden können [ESS15]. In dem Kapitel werden lernpsychologische Theorien dargelegt und Implikationen für die didaktische Gestaltung abgeleitet. Die Betrachtung umfasst Kognitivismus und Konstruktivismus, sowie das Instruktionsdesign und die *Selbstbestimmungstheorie* von Deci und Ryan. Implikationen des Kapitels werden dazu verwendet, potentielle Erweiterungsmöglichkeiten (z. B. Kombination aus Online- und Präsenzlernen) zu identifizieren, die anschließend im *vierten Kapitel* detaillierter behandelt werden.

2 Lernmanagementsysteme

2.1 Funktionalitäten

2.1.1 Benutzerverwaltung

Eine zentrale Funktionalität von LMS ist die Verwaltung der Benutzer und die Unterscheidungsmöglichkeit zwischen verschiedenen Rollen [Sch17]. In der Literatur werden die Rollen oft nicht einheitlich definiert, aber nach Schulmeister sollte mindestens zwischen Studierenden (bzw. Lernenden), Tutoren, Dozenten und Administratoren unterschieden werden. Dabei sollte es auch möglich sein, persönliche Daten (z. B. die E-Mail-Adresse oder den Wohnort) der Teilnehmenden zu speichern [Sch17, S. 8f]. Die Benutzerdaten sollten eine Datenmobilität aufweisen und so eine Migration in andere Kurse oder Systeme ermöglichen [Sch17, S. 78].

Neben der Verwaltung der Benutzer und Benutzerdaten muss auch die Möglichkeit einer Differenzierung der Rechte bestehen [Sch17, S. 56]. Die technische Umsetzung der Rechtedifferenzierung geschieht über die Autorisierung von Aktionen. So sollten zum Beispiel Lehrende Dateien zu Kursen hinzufügen, bearbeiten oder löschen können, während Lernende nur Leserechte erhalten [Ker13]. Die Rollen- und Rechtevergabe definiert dadurch Erwartungen an das Verhalten der beteiligten Personen und legt so die Grundsätze für eine soziale Inszenierung des Lehr-Lern-Verhältnisses [Ker13, S. 463].

2.1.2 Kursverwaltung

Die Bezeichnung deutet bereits an, dass eine Kernfunktionalität der LMS die Verwaltung des Lernprozesses ist [BHM04, S. 98]. Somit muss die Technologie eine Verwaltung der Kurse in einer Datenbank, deren Einrichtung und die Durchführung der Kurse ermöglichen. Dabei werden auch die einzelnen Lernobjekte der Kurse verwaltet [Sch17]. Das LMS sollte die Einbringung unterschiedlicher Formate (z. B. Bilder, Videos, Podcasts, Printmedien) ermöglichen [Sch17]. Außerdem sollte es das Arrangieren in einer bestimmten Struktur und deren Wiederverwendung in anderen Kursen vereinfachen [Sch17, S. 7ff.]. Somit finden die Lernenden dort die für den Lernprozess notwendigen Elemente gebündelt vor. Außerdem umfasst der Bereich die Planungsunterlagen (z. B. Curricula) der Lernenden [ESS15, S. 18] und die Verwaltung dieser Lehrpläne [Sch17, S. 56]. Hinsichtlich der Handhabbarkeit muss bei der Kursverwaltung zwischen den unterschiedlichen Rollen unterschieden werden. Während die Administratoren an der Wartung und Pflege interessiert sind, liegt das Interesse der Lehrenden eher in der Handhabbarkeit ihrer Rollen als Autoren und Moderatoren. Für die Lernenden zählt hingegen nur eine einfache Benutzbarkeit der Bereiche, die für ihren Lernprozess relevant sind [Sch17, S. 13].

Wenn Kurse (z. B. im universitären Kontext) regelmäßig aufgesetzt werden müssen, sollte es die Möglichkeit geben, Metakurse zu erstellen. Dort kann der grundsätzliche Aufbau eines Kurses und die verschiedenen Verweise auf Lerninhalte gespeichert sein, sodass Lehrveranstaltungen instanziiert werden können [Ker13, S. 465]. Auch beim Kursmanagement spielen Import und Export von Kursdaten eine große Rolle, da der Einsatz mehrerer Plattformen denkbar ist [Sch17, S. 80].

2.1.3 Werkzeuge

Ein weiteres relevantes Kriterium ist das Anbieten von Werkzeugen, die die Arbeit innerhalb der Plattform unterstützen [Sch17, S. 82]. Dabei sollten Werkzeuge für den Lernprozess, Autorentools und Virtual-Classroom-Tools betrachtet werden.

Zu *Werkzeugen für den Lernprozess* gehört beispielweise die Möglichkeit der Lernenden, einen Plan, ein schwarzes Brett oder einen Kalender einzusehen [Sch17]. Außerdem sollten sie über die Möglichkeit verfügen, sich elektronisch Notizen machen zu können sowie Annotationen und Lesezeichen auf einzelnen Lerninhalten zu hinterlassen [Sch17, S. 9]. Darüber hinaus gilt als wichtige Funktionalität zur Kollaboration, dass auch die Lernenden die Möglichkeit haben, eigene Inhalte in die Plattform einzustellen [Sch17, S. 56]. Außerdem können Hilfsmittel wie ein Supportmenü Gefühle des Kontrollverlusts verhindern und positive Emotionen fördern [LPF18, S. 13].

Auf der Seite der Lehrenden sind *Autorentools* zur Erstellung von Lerninhalten zu betrachten [BHM04]. Deren Funktionalität ist sehr wichtig, jedoch fällt sie nicht direkt in die Organisation des virtuellen Lehrens und fehlt häufig bei typischen LMS [BHM04, S. 101, Bou17]. Fraglich ist allerdings, ob integrierte Autorentools den zukünftigen Anforderungen an Flexibilität hinsichtlich des Zwecks und des Medienformats gerecht werden können. Somit ist die Möglichkeit der Einbindung eines externen Tools wichtig [Bou17, S. 5]. Diese sollen die Autoren unterstützen, sich mehr auf Didaktik und Inhalt zu konzentrieren, indem die Erstellung von webbasierten Inhalten auch ohne die Beherrschung der Auszeichnungssprache HTML bzw. XML vorgenommen werden kann [BHM04, S. 101]. Die Lehrenden sind somit beispielsweise bei der Darstellung von Informationen, der Analyse von Antworten und den Verzweigungen nicht mehr auf eine Programmierung in konventioneller Weise angewiesen [WH01, S. 13]. Da die Vereinfachung der zeitintensiven Erstellung multimedialer Lerninhalte und die Vereinfachung des Zugriffs auf externe Lernmaterialien eine elementare Rolle spielen, hat sich in der Literatur auch der Begriff Learning Content Management System (LCMS) etabliert [AKAG15]. Das LCMS wird beschrieben als Zusammenführung der Vorteile eines LMS mit denen eines Content Management Systems, welche für die Erstellung und Verwaltung von digitalen Inhalten genutzt werden [AKAG15, S. 87f].

Virtual-Classroom-Tools bieten die Möglichkeit der Abbildung eines virtuellen Klassenzimmers, in dem alle Teilnehmer zur gleichen Zeit online sind und in Form eines Live-Online-Kurses lernen [WH01]. Dabei werden auf einer einheitlichen Oberfläche Instrumente zum synchronen Arbeiten, wie beispielsweise die Übertragung von Audio- und Videodaten, bereitgestellt [BHM04]. Außerdem können hierzu die gemeinsame Nutzung von Anwendungen und Dokumenten, sowie ein Chat und Assessment-Funktionalitäten gehören [BHM04, S. 109]. Als hilfreich hat sich die Möglichkeit erwiesen, elektronisch die Hand heben zu können sowie elektronisch aufgerufen werden zu können [WH01]. Außerdem sollte die Kommunikation zwischen den Lernenden mit einem Whiteboard unterstützt werden, sodass diese sich durch gemeinsame Skizzen besser über systematische Zusammenhänge austauschen können [Sch17, S. 9]. Die virtuellen Treffen sind stark skalierbar, allerdings erfordert die anspruchsvolle Moderation viel Erfahrung in dem Bereich [Ker13, S. 11]. Virtual-Class-room-Tools können direkt in das LMS eingebunden sein, doch auch die Möglichkeit der Einbindung externer Tools ist denkbar [AKAG15, S. 89].

2.1.4 Evaluation

Unter Evaluation werden die Funktionalitäten gefasst, die das Sammeln von Daten sowie das Erstellen von Statistiken zu Lernprozessen und LMS-Nutzung beinhalten [Sch17, S. 87]. Bei der Evaluation der Nutzung kann das System festhalten, zu welchen Zeiten die Anwender das System benutzt haben und welche Aktivitäten sie wahrgenommen haben [Sch17, S. 7f].

Auf der anderen Seite sollten auch die individuellen Lernprozesse vom LMS protokolliert werden [AKAG15, S. 87]. Dabei können Evaluationsdienste (z. B. Tests oder Selbstevaluationen) dazu dienen, ein Leistungsprofil der Lernenden zu erstellen [Sch17]. So kann der Dozent frühzeitig erkennen, ob und in welchem Bereich Probleme im Lernprozess auftreten [Sch17, S. 7ff.]. Dies bietet auch die Möglichkeit, den Lernenden Rückmeldungen zu ihrer Leistung zu geben [AKAG15, S. 82f]. Außerdem führen die Aktivitäten der Lernenden zu gewissen Ergebnissen (z. B. Dokumente aus Abgaben oder Foreneinträge), die vom LMS in geeigneter Form erfasst und dokumentiert werden sollten [Ker13, S. 466].

Das Erstellen von Berichten über Lernverläufe und Aktivitäten sollte im LMS integriert sein, jedoch verweisen viele Hersteller auf die mögliche Einbindung einer Software von Drittanbietern [Sch17, S. 87]. Aufgrund der hohen Sensibilität der Daten muss gewährleistet sein, dass diese nur durch autorisierte Personen eingesehen werden können [AKAG15, S. 82f].

2.1.5 Kommunikation

Die Ermöglichung der Kommunikation zwischen verschiedenen Benutzern ist eine unumgängliche Funktionalität eines LMS und stellt die Grundlage für Kollaborationen dar [Sch17, S. 9]. Offene Fragen mit anderen Lernenden oder Lehrenden zu besprechen ist eine wichtige Voraussetzung für didaktische Ansätze selbstorganisierten Lernens [ESS15, S. 18, Ker13, S. 463f]. Die Lernenden weisen der Unterstützung des kollaborativen und kommunikativen Arbeitens einen sehr hohen Wert zu und wünschen sich diese Funktionalität bei einem LMS [AKAG15, S. 101]. Diese sollte wenn möglich nicht oder kaum über externe Anbieter (z. B. Skype oder Mail) ablaufen sondern stets über das System selbst abgewickelt werden [ESS15, S. 18]. Anhand ihrer Ausprägungsformen kann zwischen synchronen und asynchronen Kommunikations-möglichkeiten differenziert werden [z. B. Ker13, Sch17, ESS15], die sich ergänzen und demnach beide ausreichend abzudecken sind [ESS15, S. 18].

Bei der *asynchronen Kommunikation* (z. B. Forumseinträge) ist der Austausch von Nachrichten zeitversetzt und die Antwort oder Bezugnahme zeitlich entkoppelt [Ker13, S. 10]. Somit müssen die Benutzer nicht zur gleichen Zeit online sein. Dies eignet sich insbesondere für die Fälle, in denen eine Antwort vorbereitet werden muss, wie beispielsweise bei dem Lösen einer Aufgabe [ESS15, S. 18]. In den Foren sind die Einträge themenspezifisch und chronologisch sortiert, sodass ein Diskussionsfaden entsteht [Sch17, S. 8]. Dieser offene Austausch über Fragen hat eine besondere Bedeutung in der Praxis, sofern Lernende dessen Möglichkeiten nutzen [ESS15, S. 18].

Bei der *synchronen Kommunikation* (z. B. Chat) findet der Austausch von Nachrichten in einem zeitgleichen und direkten Kontakt statt. Durch die bidirektionale Richtung der Kommunikation können die Benutzer unmittelbar antworten oder aufeinander Bezug nehmen [Ker13, S. 10]. Diese Form ist besonders relevant für Konzepte, die die Teilnehmer aktivieren sollen, sowie für kollaboratives Arbeiten [ESS15, S. 18]. Die Lernenden sollten im Rahmen von Gruppenarbeiten die Möglichkeit haben, Arbeitsgruppen zu erstellen und in diesen Gruppen kommunizieren zu können [Sch17, S. 8].

Bei der textuellen digitalen Kommunikation fehlen die Eindrücke der nonverbalen Kommunikation (z. B. Gestik), wodurch es häufig erschwert ist, Menschlichkeit, Emotionalität und Kontext zu transportieren [AKAG15]. Allerdings bietet digitale Kommunikation die Möglichkeit der Unterstützung durch Anhänge multimedialer Form (z. B. Tabellen oder Videos) [AKAG15]. Außerdem ermöglicht das Speichern des Kommunikationsverlaufs ein raum- und zeitflexibles Rezipieren [AKAG15, S. 255]. Diese Eigenschaften sollten daher bei der Kommunikation im LMS vorhanden sein.

2.2 Technologie und Technik

Nicht nur die notwendigen Funktionalitäten, sondern auch die technischen Gegebenheiten sind zentrale Bestandteile des LMS. Ein grundlegender Aspekt ist die Darstellung der Inhalte, was üblicherweise über einen netzwerkfähigen Browser oder eine Anwendung geschieht [Sch17, S. 10]. Dabei ist bei der grafischen Oberfläche wichtig, dass diese einfach zu benutzen ist [Bou17, S. 5]. Außerdem sollte sie intuitiv, nicht aufdringlich und zweckmäßig sein, sodass eine gute Operabilität gewährleistet ist [AKAG15, S. 100].

Weitere technische Aspekte stellen die Flexibilität und einhergehend die Anpassbarkeit der LMS dar [Sch17, S. 9]. Die Flexibilität eines modernen LMS sollte die abzubildenden Prozesse ausreichend unterstützen [Bou17, S. 8] und Anpassbarkeit an jede Institution und Organisation gewährleisten [Sch17, S. 9]. Dies gilt besonders für die Einbindung von Elementen und das Design sowie für unterschiedliche Szenarien und Plattformen.

Flexibilität bei der Einbindung von Elementen: Zunächst ist die Möglichkeit der Einbindung multimedialer Elemente als ein relevanter Aspekt anzusehen [AKAG15, S. 101]. Nach Schulmeister sollten mindestens folgende Formate eingebunden und dargestellt werden können: „Text, Bild, Grafik, Film, Audio, Animation, interaktive Übungen (Flash oder Java Applets) sowie andere über Browser-PlugIns lauffähige Zusätze zu fremden Programmen (z. B. MatLab, LaTeX, SimuLink)" [Sch17, S. 86]. Außerdem sollte die Eingliederung externer Elemente gewährleistet sein. Es ist nicht mehr erforderlich, ein Video zuerst runter- und anschließend im LMS hochzuladen. Das Einbinden und Abrufen von Materialien eines anderen Servers (z. B. über einen HTML-Befehl) bieten deutlich mehr Einfachheit und weniger rechtliche Unklarheiten [Ker13, S. 464]. Zudem sollte allgemein die Einbindung von Inhalten über Verweise auf eine Datenbank möglich sein, wodurch Dokumente und deren Erweiterungen und Veränderungen auch in anderen Kursräumen verfügbar gemacht werden können [Ker13].

Flexibilität im Design: Das LMS sollte die Möglichkeit bieten, die Seiten individuell aufzuteilen, farblich anzupassen, sowie Komponenten (z. B. den Chat) frei anzuordnen, sodass die betreibende Institution oder Organisation ihr Corporate Design umsetzen kann [Sch17, S. 87f].

Flexibilität in der Anwendung: Durch die verschiedenen Anwendungsmöglichkeiten eines LMS ist eine allgemeine Flexibilität für unterschiedliche Szenarien bedeutsam [AKAG15, S. 101]. Dafür ist eine Unicode-Fähigkeit [Sch17, S. 90] und die Abbildung von Kursen in mehreren Sprachen wichtig [Sch17, S. 9]. Auch die Gestaltungsmöglichkeiten für individuelle Bedürfnisse und Konzepte der Lehrenden sollten beachtet werden sowie die Umrechnung von Terminen und Fristen in andere Zeitzonen [Sch17, S. 56ff.].

Plattformunabhängigkeit: Sowohl von Seiten der Server als auch von Seiten der Endgeräte ist eine Diversität der Plattformen denkbar [Sch17]. Im Falle von Universitäten ist es beispielsweise unabdingbar, dass das LMS auch auf UNIX-Servern betrieben werden kann [Sch17, S. 88]. Ferner müssen auch bei den Endgeräten mindestens Windows-, Linux- und macOS-Systeme beachtet werden [Sch17, S. 89]. Da keine Nutzergruppe ausgeschlossen werden darf, sollte ein nahezu ergebnisgleicher Zugriff von allen gängigen Betriebssystemen und Internetbrowsern gewährleistet sein [Sch17, S. 89].

Sicherheit: Der technische Aufbau muss Sicherheit gewährleisten [Sch17]. Dazu gehört eine Beachtung von internationalen Standards, Backup Routinen und ein sicheres Anmeldeverfahren [Sch17, S. 56]. Für die Sicherheit beim Einloggen sind qualitativ hochwertige Methoden für die Authentifizierung *(„authentification")* und die Codierung der Daten *(„encryption")* notwendig [Sch17, S. 79].

Skalierbarkeit und Anbindung: Das System sollte skalierbar sein und die Anbindung anderer Systeme ermöglichen [Sch17, S. 56]. Im unternehmensspezifischen Kontext ist beispielsweise die Integration von Schnittstellen zu Enterprise Resource Planning (ERP) und Human Resources Management (HRM) wichtig [BHM04, S. 99]. Zur Skalierbarkeit gehören zum Beispiel eine effiziente Ressourcenverwaltung und die Portabilität der Lernobjekte und Kursinhalte [Sch17, S. 56].

2.3 Theoretische Modelle TPC und TAM

Zum besseren Verständnis eines erfolgsfördernden Aufbaus von LMS, können Modelle betrachtet werden, die Vorhersagen über den Erfolg von Informationssystemen treffen. Goodhue und Thompsons *Technology-to-Performance Chain* (TPC) ist ein solches Modell [GT95]. Sie empfehlen, für den Erfolg eines Informationssystems sowohl die Aufgabe, für die es verwendet wird, als auch die Übereinstimmung zwischen der Aufgabe und der Technologie zu betrachten [GT95]. Dabei definieren sie den sogenannten *task-technology fit* als den Grad, in dem eine Technologie eine Person bei der Erfüllung ihres Aufgabenportfolios unterstützt [GT95, S. 216]. Dieser ist von den Aufgabenmerkmalen, den technischen Merkmalen und den individuellen Merkmalen der Nutzenden abhängig [MK09]. Die grundlegende Annahme besagt, dass eine Technologie nur dann einen positiven Einfluss auf die individuelle Leistung haben kann, wenn sie eingesetzt wird und zu den Aufgaben passt, die sie unterstützen soll [MK09, S. 497f]. Bezogen auf die gegebene Thematik bezieht sich der task-technology fit auf die Fähigkeit von LMS, die Lernenden bei der Auswahl der von ihnen angebotenen Lernaktivitäten zu unterstützen und gleichzeitig der Vielfalt der Fähigkeiten der Studierenden gerecht zu werden [MK09]. Dazu können beispielweise die Kommunikationsmöglichkeiten (vgl. Kapitel 2.1) gehören [MK09, 497f]. In einer Studie von McGill und Klobas wird die Rolle des task-technology fit für den LMS-Erfolg im universitären Kontext empirisch untersucht. Wie angenommen besteht ein signifikant positiver Einfluss auf den wahrgenommenen Erfolg des Lernens und ein schwach positiver Einfluss auf die Noten der Studierenden [MK09, S. 503ff.]. Somit ist es wichtig, dass LMS auf ihre Aufgabe abgestimmt sind und eine „dienende" Funktion bekommen [ESS15, S. 16].

Ein weiteres Modell ist das *Technology Acceptance Model* (TAM) von Davis (vgl. Abbildung 1). Dieses liefert eine theoretische Fundierung zur Erklärung von Nutzerverhalten und Akzeptanz von Technologien. Dabei hängt die tatsächliche Nutzung von der Einstellung zur Nutzung ab [DBW89, S. 985ff.]. Nach Davis wird die Einstellung zur Nutzung maßgeblich durch den wahrgenommenen Nutzen (*„Perceived Usefulness"*) und die wahrgenommene Einfachheit der Benutzung (*„Perceived Ease of Use"*) bestimmt [DBW89].

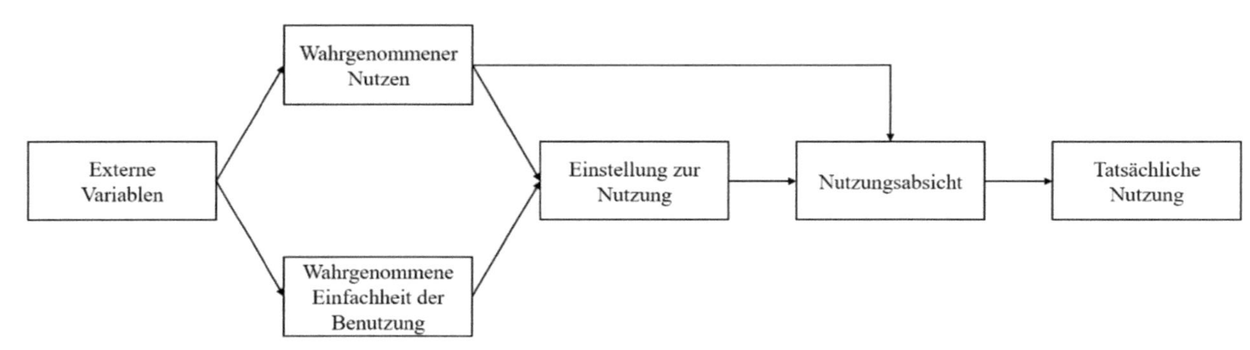

Abbildung 1: Technology Acceptance Model
Quelle: Eigene Darstellung in Anlehnung an [DBW89, S. 985].

In einer Metanalyse kommen King und He zu dem Ergebnis, dass das TAM eine hohe Reliabilität besitzt [KH06]. Bürg und Mandl argumentieren analysegestützt, dass das Modell auch im Bereich des eLearnings Anwendung findet [BM05]. Auch McGill und Klobas können einige der Korrelationen in ihrer Studie zeigen. Die Systemeigenschaften haben zwar den stärksten Einfluss auf die Benutzung des LMS, aber beispielsweise auch der wahrgenommene Nutzen beeinflusst die Benutzung positiv [MK09]. Um die wahrgenommene Einfachheit der Benutzung näher zu analysieren, wird in Kapitel 2.4 auf die Benutzerfreundlichkeit von LMS eingegangen. Schließlich sind zur Erhöhung des wahrgenommenen Nutzens des Systems begleitende Maßnahmen wichtig, die in Kapitel 2.5 näher betrachtet werden sollen [Ker18, AKAG15].

2.4 Benutzerfreundlichkeit

Die Benutzerfreundlichkeit des LMS beeinflusst dessen Nutzung [DBW89] und die Emotionen der Lernenden [LPF18]. Neben technischen Problem kann auch der Aufbau die Benutzerfreundlichkeit mindern, da hohe Komplexität oder chaotische Formate zu Orientierungslosigkeit führen können [LPF18]. Gefühle des Kontrollverlusts können zu Ärger und Ablehnung des LMS führen [LPF18]. Im Umkehrschluss wirkt sich Kontrollerleben positiv auf die emotionale Stimmung der Lernenden aus [LPF18]. Eine klare und konsistente Struktur kann daher die Aufmerksamkeit auf die relevanten Inhalte lenken und mit einem starken Einfluss auf den Lernerfolg in Verbindung gebracht werden [Swa01, S. 327]. Ergänzend sollte Wert auf eine minimalistische Gestaltung der Umgebung gelegt und überflüssige Inhalte weggelassen werden [Mar06, Rey12]. Zudem ist Eindeutigkeit und Verständlichkeit der verwendeten Symbole wichtig [AKAG15, S. 76].

Naveh et al. identifizieren für die Zufriedenheit der Lernenden außerdem den Aspekt der einfachen Navigation. Die Befragten gaben an, dass Lernmaterialien zugänglich, klar und leicht zu finden sein müssen [NTP12, S. 344]. Nutzer sollten sich im System immer leicht zurechtfinden können [AKAG15]. Einerseits spiegelt dies das Bedürfnis nach Orientierung wider, andererseits erwarten junge Lernende durch den Vergleich mit Diensten wie der *Google-Suche* ein einfaches Erreichen von Informationen [LPF18]. Weiterhin entsteht Enttäuschung bei den Befragten durch die fehlende Funktionalität, mehrere Fenster gleichzeitig zu öffnen sowie durch schleppende Download- und Antwortzeiten des Systems [NTP12].

In einer Metaanalyse von Loderer, Pekrun und Frenzel konnte außerdem die Bedeutung der ästhetischen Qualität des Designs gezeigt werden. Diese kann Neugierde und positive Emotionen fördern [LPF18]. Als mögliche Umsetzung nennen sie die Verwendung „heller und warmer gesättigter Farben (gelb, orange) im Kontrast zu Graustufen oder auch rundlicher anstatt kantiger Formen" [LPF18, S. 12]. Zur besseren Abstimmung auf die kognitiven Voraussetzungen der Lernenden ist eine genauere Betrachtung (vgl. Kapitel 3) notwendig [Mar06, S. 4].

2.5 Begleitende Maßnahmen

Häufiger als zumeist angenommen beeinflussen nicht technische Hürden den Erfolg mediengestützten Lernens. Oft kommt der erfolgsfördernde Einfluss durch Maßnahmen zur Einführung und Verankerung [Ker18]. Die Annahme, ein hinreichend gutes Produkt ergebe eine Einführung von selbst, trifft nicht zu, da dabei die umfassende Umgestaltung der Prozesse aller Beteiligten außer Acht gelassen wird [Ker18]. Nur weil technisch die richtigen Funktionalitäten bereitstehen, bedingt dies noch keine sinnvolle Nutzung des LMS [AKAG15]. Lerngewohnheiten sind seit der Kindheit verankert und die Notwendigkeit diese zu verändern, trifft nicht unmittelbar auf Akzeptanz bei den Nutzern [Ker18]. Arnold et al. beschreiben wichtige Aspekte bei der Einführung und Nutzung eines LMS [AKAG15, S. 104ff.]. Im Folgenden wird kurz auf die Einführung des LMS und die Perspektive der Lehrenden eingegangen.

Einführung eines LMS

Für den Lernprozess ist es sehr wichtig, dass die Lernenden die verschiedenen Funktionalitäten des LMS verstehen und deren Einfluss auf das Lernen kennen. Daher sollten diese erklärt werden sowie der Hintergrund und Tipps zu deren effektiven Nutzung bereitgestellt werden. Dazu gehört auch das Erklären individueller Einstellungsmöglichkeiten. Besonders das Arbeiten mit Lernmaterialien, sowie die Kommunikation und Kollaboration verlaufen im virtuellen Raum anders, sodass diese in einer Einführungsveranstaltung erklärt werden sollten. Schriftliche Unterlagen können die Effektivität der Einführung unterstützen. [AKAG15]

Frustrierende Erfahrungen mit dem LMS und falsch etablierte Routinen lassen sich im Anschluss nur schwer revidieren [AKAG15]. Den Lernenden sollten außerdem Hilfefunktionen (z. B. FAQ oder Online-Hilfe) vorgestellt werden, damit sie aufkommende Fragen effektiv klären können [AKAG15]. Zudem sollten bei der Einführung

Ansprechpartner für technische, organisatorische und inhaltliche Fragen genannt werden [AKAG15]. Nicht zuletzt kann eine gute Servicequalität die Kontinuitätsabsicht der Lernenden positiv beeinflussen [MK09].

Perspektive der Lehrenden

Um den Lernprozess effektiv zu unterstützen, müssen auch die Lehrenden eine bestimmte Rolle wahrnehmen. Es ist wichtig, dass sie mit den Besonderheiten des virtuellen Lernens und den verschiedenen Funktionalitäten des LMS vertraut sind. Sie sollten eine Art Doppelrolle einnehmen und bei der Benutzung und Gestaltung des LMS immer auch die Perspektive der Lernenden im Hinterkopf behalten. Bei großen Projekten, beispielsweise im Kontext von Hochschulen, sollten sich Lehrende untereinander absprechen, sodass bestimmte Bereiche und Funktionen ähnlich verwendet werden. Informationen (z. B. Termine) sollten in allen Kursen an den gleichen Stellen gefunden werden können. [AKAG15]

Ein relevanter Aspekt ist zudem die Belebung. LMS, in denen wenig neue Aktivitäten der Benutzer stattfinden, motivieren die Lernenden nicht zu einer eigenen Beteiligung [AKAG15]. Das richtige Vorgehen für eine Belebung ist nur schwer zu generalisieren, da es von diversen Faktoren (z. B. Kursgröße und Kontext) abhängig ist [AKAG15]. Als mögliche Herangehensweisen werden Bewusstmachung der Notwendigkeit, Mitteilungen und Ankündigungen, sowie Diskussionsanregungen genannt [AKAG15]. Eine regelmäßige und konstruktive Interaktion zwischen Lehrenden und Lernenden hat bei LMS eine positive Auswirkung auf den Lernerfolg [Swa01].

In einer Studie von McGill und Klobas wird im Kontext von Hochschulen außerdem ein Einfluss durch Normen der Lehrenden festgestellt. Wenn die Lernenden der Überzeugung sind, dass die Lehrenden die Nutzung des LMS für sehr wichtig erachteten, hat dies eine erhöhte Benutzung des Systems zu Folge [MK09, S. 504].

Weitere wichtige Aspekte stellen die Tätigkeiten im Rahmen eines auf der Plattform gestarteten Kurses dar. Zu Beginn des Kurses sollten Informationen zu Lernszenarien und -formen eingestellt werden [AKAG15, S. 109]. Die Überzeugungen zur Entstehung, Struktur und Stabilität von Wissen beeinflussen den Lernerfolg im LMS [LPF18, S. 9]. Außerdem kann eine Erläuterung der Lernziele und des Praxisbezugs eine Orientierungshilfe im Lernprozess sein [Sch09, S. 288]. Zudem sollten zu Beginn eventuelle Besonderheiten im Vergleich zu anderen Kursen erläutert werden [AKAG15]. Während des Kurses hat es sich als förderlich erwiesen, die Nutzung der Kommunikation und Kommunikationsinstrumente anzuregen, sowie regelmäßig Ankündigungen und Kursmaterialien einzustellen [AKAG15]. Bei der Gestaltung der Kurse sollten sich Lehrende der Bedeutung der Benutzerfreundlichkeit (vgl. Kapitel 2.4) bewusst sein [LPF18]. Für die Reflexion des Kurses sollten die Evaluation der Nutzung des LMS, technische Gegebenheiten und Arbeitsroutinen in die Diskussion miteinbezogen werden [AKAG15].

3 Lernpsychologische Betrachtung

Schon lange wird diskutiert, ob und in wie weit technologiegestütztes Lernen bessere Erfolge erzielt als konventionelles [Ker13, S. 79]. Eine Sichtweise der Wissenschaft ist, dass der Erfolg kaum von den technologischen Aspekten abhängig ist und überwiegend durch die didaktischen Konzepte beeinflusst wird [Ker13, S. 79]. In ihren Anfängen Ende der 90er Jahre waren die didaktischen Möglichkeiten der LMS durch die technische Möglichkeiten bestimmt und limitiert [ESS15, S. 16, DCW09]. Der Fortschritt und die neuen Gestaltungsmöglichkeiten bieten nun die Option, das digital gestützte Lernen auf Basis lernpsychologischer Erkenntnisse zu entwickeln [ESS15, S. 16]. Daher sollen in diesem Kapitel verschiedene Erkenntnisse der pädagogischen und psychologischen Betrachtung aufgezeigt werden.

3.1 Das didaktische Dreieck virtuellen Lernens

Um bei der lernpsychologischen Betrachtung einen richtungsweisenden Anhaltspunkt zu finden, können die Lernenden im Rahmen eines vereinfachten Modells zum virtuellen Lernen betrachtet werden. Das didaktische Dreieck virtuellen Lernens nach Schulmeister (vgl. Abbildung 2) betrachtet das virtuelle Lernen unter dem Aspekt der Auseinandersetzung mit dem Lernobjekt.

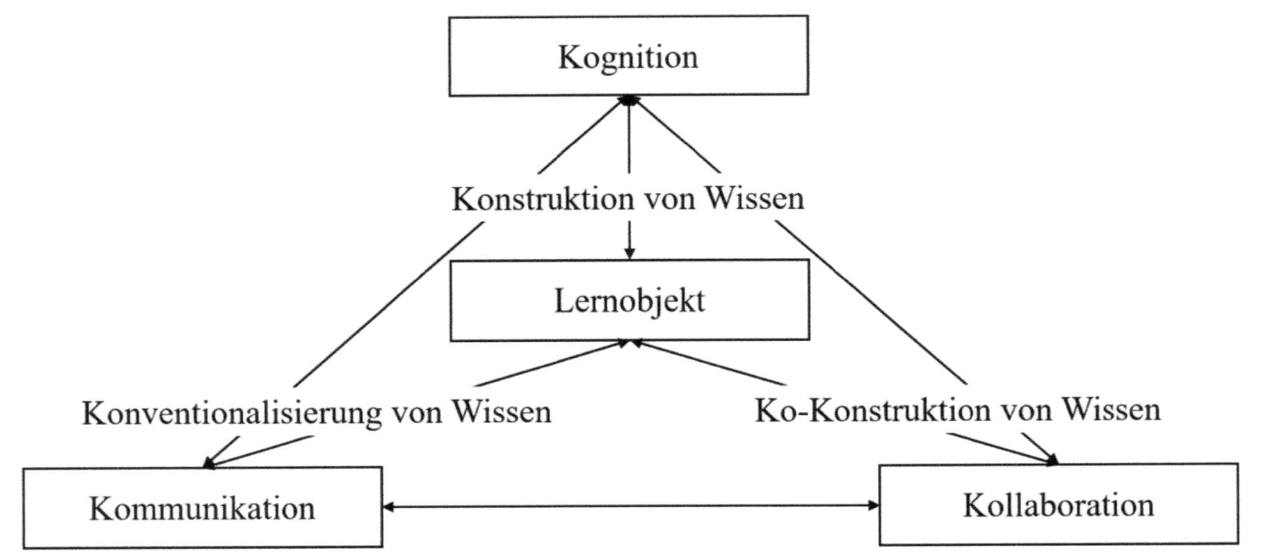

Abbildung 2: Das didaktische Dreieck virtuellen Lernens
Quelle: [Sch17, S. 156].

Eine wichtige Erkenntnis ist die im Vergleich zum Präsenzlernen zentralere Relevanz des Lernobjekts [Sch17]. Die Lernenden sind im Bereich des virtuellen Lernens sehr auf das Lernobjekt angewiesen, welches in diesem Fall das LMS ist und im *zweiten Kapitel* behandelt wird. Eine Kategorisierung der bedeutsamsten lernpsychologischen Faktoren nimmt Schulmeister in die Bereiche Kognition, Kommunikation und Kollaboration vor [Sch17, S. 155f.]:

1. *Kognition* umfasst die Konstruktion von Wissen und die Auseinandersetzung der Lernenden mit dem Lernobjekt.

2. *Kommunikation* beinhaltet den sozialen Austausch der Lernenden, was ein wichtiger Bestandteil der Konventionalisierung von Wissen ist.

3. *Kollaboration* umfasst die Ko-Konstruktion von Wissen und somit das Lernen durch Zusammenarbeit. Eine Verankerung des Wissens wird hier am ehesten erreicht, „wenn die Lernenden direkt miteinander an Lernobjekten kooperieren können" [Sch17, S. 156].

Gerade aufgrund der starken Vereinfachung des Modells wird deutlich, welche thematischen Bereiche von zentraler Relevanz für die vorliegende Arbeit sein können. Im Folgenden soll daher auf Kognitivismus und Instruktionsdesign (Konstruktion von Wissen), Konstruktivismus (Ko-Konstruktion von Wissen) sowie emotionale und soziale Aspekte (Konventionalisierung von Wissen) eingegangen werden.

3.2 Auffassung des Kognitivismus

Die klassische Sicht auf das Lernen wurde Anfang des 19. Jahrhunderts durch den Kognitivismus abgelöst, bei dem der Mensch als System mit einer individuellen Informationsverarbeitung gesehen wird [Mot18]. Demnach werden die dargebotenen Lerninhalte mit Hilfe kognitiver Systeme in mentale Abbildungen umgewandelt [HG17, Mot18]. Der kognitive Apparat des Menschen besteht dabei nach dem Mehrspeichermodell der Informationsverarbeitung aus drei Komponenten [AS68]:

1. Sensorisches Register

2. Arbeitsgedächtnis

3. Langzeitgedächtnis

Da die Funktionsweise genannter Komponenten das Verständnis von Lern- und Lehrprozessen beeinflusst [Mot18, S. 21], sollen diese kurz erläutert werden.

Sensorisches Register

Umweltreize, denen der Mensch ausgesetzt ist, werden zunächst im sensorischen Register verarbeitet [zit. nach Mot18, AS68]. Auf Basis von Studien lässt sich vermuten, dass visuelle Informationen dort etwa 0,25 Sekunden verbleiben. Während dieser Zeitspanne wird entschieden, ob die Informationen weitergeleitet werden oder verloren gehen. Entscheiden die Kontrollprozesse, ihnen Aufmerksamkeit zu schenken, erreichen sie für eine anschließende Verarbeitung das Arbeitsgedächtnis [zit. nach Mot18, Kel16].

Arbeitsgedächtnis

Die Funktionen des Arbeitsregisters haben einen starken Lernbezug und umfassen unter anderem das Organisieren, Interpretieren und Generieren von Informationen [zit. nach Mot18, Ren15]. Für Prozesse des Lernens stellt das Arbeitsgedächtnis eine Einschränkung dar, da üblicherweise nur ungefähr vier bis sieben Informationen zeitgleich verarbeitet werden [SAK11]. Der diskutierte Aspekt der Limitation hat einen starken Einfluss auf Lernprozesse, weshalb die Belastung des Arbeitsgedächtnis detaillierter betrachtet werden sollte [Mar06, S. 1]. Für eine genauere Analyse ist es möglich, die Erkenntnisse der *Cognitive Load Theory* (CLT) zu nutzen. Diese differenziert zwischen drei Arten kognitiver Belastung [CS91]:

1. Die *intrinsische kognitive Belastung („intrinsic cognitive load")* ist durch das Lernmaterial selbst bedingt und wird durch die Struktur der Lerninhalte bestimmt. Besteht das Material aus Elementen, die stark miteinander zusammenhängen oder interagieren, liegt eine hohe sogenannte „Elementinteraktivität" vor. Für das Verständnis müssen nun verschiedene Informationen gleichzeitig im Arbeitsgedächtnis verarbeitet werden, was zu einer hohen kognitiven Belastung des Lernenden führt. Eine geringe Elementinteraktivität liegt vor, wenn die Elemente auch einzeln aufgenommen und verstanden werden können. Diese intrinsische kognitive Belastung kann in der Gestaltung von digital gestütztem Lernen verringert werden, indem die Themen stärker modularisiert werden und die zusammenhängenden Bearbeitungen erst im Anschluss stattfinden. [PRS03, SAK11]

2. Die *extrinsische kognitive Belastung („extraneous cognitive load")* wird durch die Gestaltung und Darbietung des Lernmaterials verursacht [SAK11]. Zu einer hohen Belastung kommt es hier durch die unnötige Beanspruchung von Kapazitäten, wie beispielsweise durch redundante Informationen oder optische Untermalung ohne Bezug zum Lernmaterial sowie unübersichtliches Design. Die extrinsische kognitive Belastung kann das Arbeitsgedächtnis beanspruchen und so das Lernen erschweren, weshalb eine minimalistische Gestaltung der Umgebung und des Materials notwendig ist [Mar06, Rey12]. Aufeinander bezogene Informationen sollten wenn möglich integriert dargestellt werden (z. B. erklärender Text in und nicht neben der Abbildung), da es sonst zu einem sogenannten „Split-Attention-Effekt" kommt, der sich negativ auf die extrinsische kognitive Belastung auswirkt [Mar06, S. 5].

3. Die *lernbezogenen Ressourcen („germane resources")* sind die übrigbleibenden Ressourcen, die der Verarbeitung der Lerninhalte zugeschrieben werden. Die lernbezogenen Ressourcen können erhöht werden, indem extrinsische und intrinsische kognitive Belastung verringert werden. [SAK11, Rey12]

Langzeitgedächtnis

Aufgenommene Informationen können im Langzeitgedächtnis gespeichert und abgerufen werden, wobei bisher nichts über eine Begrenzung der Kapazität bekannt ist [Woo08]. Eine dortige Speicherung ist meist aufwendig [Woo08]. Jedoch kann das Wissen dabei abstrakt verknüpft werden, wodurch Schemata entstehen [Mot18]. Diese können vom Arbeitsgedächtnis als einzelne Einheiten verarbeitet werden, wodurch sie eine ressourcenschonende Bearbeitung ermöglichen [Mot18, Ren15]. Somit sollte trotz der höheren intrinsischen kognitiven Belastung auf lange Sicht der Fokus auf einer Vernetzung von Wissen liegen [Mot18, Ren15].

3.3 Auffassung des Instruktionismus

Der Kognitivismus verdeutlicht, wie wichtig der Bezug der Lehre zu den inneren Vorgängen der Lernenden ist. Die Vorgehensweisen der Lehre sollten demnach optimalerweise aus dem Wissen über die Vorgänge des Lernens abgeleitet werden [GBW98, S. 186]. LMS sind jedoch schematisch relativ identisch aufgebaut, was häufig zu einem uniformen didaktischen Aufbau führt, welcher der Systematik von konventionellem Unterricht ähnelt [Sch17, S. 151ff.]. Dabei werden die Lerninhalte in kleinere Abschnitte aufgeteilt, um von den Lernenden besser verarbeitet werden zu können [Mar06, S. 5]. Bei der Sequenzierung dieser Inhalte bleiben häufig die pädagogischen Erkenntnisse aus Theorien des Instruktionsdesign unberücksichtigt [Sch05, S. 16].

Der Ansatz des Instruktionsdesigns sieht eine strikte Planung und Gestaltung der Lehr- und Lernaspekte vor. Das Ziel ist es, den Lehrenden empirisch erprobte Instruktionspläne zur Verfügung zu stellen, die aufzeigen, wann welche Strategien und Methoden eingesetzt werden sollten. Daher kommen diese Prinzipien auch häufig beim virtuellen Lernen zum Einsatz. [Kra10, S. 619f]

In diesem Zug lässt sich das pragmatisch brauchbare Modell von Gagné zur Sequenzierung der Lehre betrachten (ebd.). Die neun

Instruktionsschritte („instructional events") lauten demnach [in Anlehnung an GBW98, S. 190ff.]:

1. Erregung der Aufmerksamkeit
2. Unterrichtung über das Lernziel
3. Stimulierung der Erinnerung an frühere Lernerfahrungen
4. Präsentation des Lernmaterials
5. Unterstützung der Lernenden
6. Durchführung lernbezogener Handlungen
7. Bereitstellung von Feedback zur Richtigkeit
8. Evaluation des Lernfortschritts
9. Förderung der Erinnerung und des Transfers

Zu Beginn muss das Interesse der Lernenden erregt werden, damit die Lernreize mit Aufmerksamkeit behaftet werden und vom sensorischen Register in das Arbeitsgedächtnis gelangen können. Dies ist kontextspezifisch zu betrachten und kann beispielsweise durch Demonstrationen oder Fragen geschehen. Hierbei ist es im Anschluss wichtig, über das Lernziel zu unterrichten und den Bezug zu früheren Lernerfahrungen herzustellen. Diese kontextuelle Einordnung ermöglicht eine bessere Vernetzung des Wissens und eine bessere Ausrichtung auf das Lernziel. Bei der anschließenden Darbietung des Lernmaterials sollte verständnisfördernde Anleitung durch den Lehrenden bereitgestellt werden sollte. Nachfolgend sollten die Lernenden das Gelernte anwenden, damit das Wissen aus dem Langzeitgedächtnis abgerufen und gestärkt werden kann. Dabei kann die anschließende Bereitstellung von Feedback und Evaluation des Fortschritts helfen, die Motivation zu festigen und die Bildung fehlerhafter Modelle zu vermeiden. Zuletzt ist es wichtig, langfristige Erinnerung und das Transferwissen zu fördern, was durch regelmäßige Wiederholungen und Einbettung in neue Kontexte gelingen kann. [GBW98, S. 190ff.]

Im Modell liegt der klare Fokus auf den kognitiven Vorgängen, wodurch dieses nach Gangné eine Unterstützung des Lernens bietet [GBW98, S. 190ff.]. Kritiker der Theorie bemängeln jedoch, dass emotionalen Aspekte der Lernenden nicht miteinbezogen werden [KS14, S. 197]. Vorherrschende Emotionen können die Lernmotivation für einen Bereich stark beeinflussen [KS14]. So lässt man sich beispielsweise in einem Zustand der Freude deutlich eher auf neue Herausforderungen ein, als im Zustand der Angst [KS14]. Darüber hinaus ist auch die Rollenverteilung zu kritisieren, da Vertreter der Theorie die Lernenden in eine passive Rolle drängen, wodurch das Eigeninteresse und die intrinsische Motivation verringert werden können [Kra10, S. 624f]. Hinzu kommt ein zu geringer Fokus auf die Individualität der Lernenden durch die Annahme, dass sich die Wirkung von einzelnen Lern-Methoden perfekt vorhersagen lassen [Kra10, S. 624f].

3.4 Auffassung des Konstruktivismus

Im Gegensatz zu der kognitiven Sichtweise vom Lernen als Wissenserwerb sind die Vertreter der konstruktivistischen Auffassung der Meinung, dass beim Lernen der Fokus auf der Eigenaktivität und dem Kontext liegen sollte [Kra10]. Wissen ist demnach nicht passiv erwerbbar, sondern ein Produkt der individuellen Konstruktion durch den Menschen [Kra10, S. 626]. In diesem Verständnis eines individuellen Aufbauprozesses suchen die Lernenden aktiv nach Informationen und interpretieren diese, weshalb Vorwissen und Lernintention eine entscheidende Rolle spielen [HG17]. Das Augenmerk liegt mehr auf einem Verständnis und dem Zuschreiben einer Bedeutung, als auf dem einfachen Abspeichern der Information [HG17, S. 66].

Die Auffassung des Konstruktivismus resultierte in der Bewegung des *situierten Lernens*, die zu der Schlussfolgerung kommt, dass die Lernumgebungen ideale Voraussetzungen für kontextbezogenes Lernen und Konstruktionsleistungen bieten sollten. Dabei sollen die situierten Lernumgebungen so gestaltet werden, dass sie auf selbstorganisiertes und flexibles Lernen abzielen. [Kra10, S. 627]

Wenngleich die Herangehensweise sehr naheliegend und erstrebenswert klingen mag, gibt es Kritikpunkte, die nicht unberücksichtigt bleiben sollten. Der hohe Freiheitsgrad und das resultierend geringere Maß an Anleitung können bei den Lernenden schnell zu Überforderung führen [Kra10]. Dies trifft insbesondere Leistungsschwächere, wodurch die Schere zu den profitierenden Leistungsstarken größer werden kann [Kra10]. Vor allem die hochgradig konstruktivistischen Positionen können zu einer steigenden Ineffektivität führen [Kra10]. Nicht zu vernachlässigen ist zudem der deutlich höhere Aufwand für die Lehrenden [Kra10, S. 636]. Multimediale Lernumgebungen könnten hier durch virtuelle Lernwelten mit realistischem Kontext einen Ansatzpunkt bieten [Mot18, S. 31]. LMS haben außerdem die Möglichkeit, die Lehrenden zu entlasten und verstärkt auf die Individualität der Lernenden einzugehen [Ker13, Bou17].

Hasselhorn und Gold sind der Meinung, dass die „Auffassung vom Lernen als Konstruktion individuellen Wissens eher eine Variante [als] eine Alternative zur Auffassung vom Lernen als Wissenserwerb darstellt" [HG17, S. 62]. Reinmann und Mandl gehen sogar davon aus, dass sich Instruieren seitens Lehrender und Konstruieren seitens

Lernender nicht gegenseitig ausschließen [Kra10]. Demnach sind beide Auffassungen praxisrelevant und es lassen sich situierten Lernumgebungen mit Instruktionsdesign vereinbaren [Kra10]. Nur reproduzierbares Faktenwissen zu vermitteln steht in der Pädagogik in der Kritik und vernachlässigt die selbstständige Problemlösefähigkeit, weshalb die persönliche Konstruktion von Bedeutungen relevant ist [Kra10]. Dennoch muss dafür das Gelernte in Zusammenhänge und somit in Vorwissen eingegliedert werden [Kra10]. Zum Erwerb dieses Vorwissens muss nicht auf die instruktionale Anleitung durch Lehrende verzichtet werden. Diese Vereinbarkeit wird wissensbasierter Konstruktivismus bezeichnet [Kra10, S. 637f].

3.5 Theorie der grundlegenden psychologischen Bedürfnisse

Neben dem Kognitivismus und Konstruktivismus existieren auch Modelle, die emotionale Vorgänge und Reaktionen des sozialen Umfelds miteinbeziehen [Kra05, S. 10f]. Die *Selbstbestimmungstheorie* von Deci und Ryan geht davon aus, dass das Verhalten und die individuelle Entwicklung von den internen Strukturen der Individuen und den Bedingungen der Umweltfaktoren bestimmt werden [Kra05, S. 10f]. Diese Sichtweise auf den Lernprozess ist elementar, da das Lernen stark durch Emotionen und emotionale Prozess beeinflusst wird [LPF18, S. 16]. Deci und Ryan postulieren ein emotionsbasiertes Steuerungssystem. Dabei beruht die Beeinflussung des Verhaltens und der Entwicklung auf drei grundlegenden psychologischen Bedürfnissen *("basic needs")* [Kra05, S. 10f, KS14, S. 204]:

- Das *Kompetenzerleben* äußert sich in dem Bestreben nach dem Gefühl, die Herausforderungen aus eigener Schaffenskraft bewältigen zu können. Somit muss das Individuum den Anforderungen gewachsen sein oder die fehlenden Kompetenzen erwerben können. Der dahinterstehende Wunsch beinhaltet, sich als handlungsfähig und wirksam zu erleben.

- Die *Selbstbestimmung (oder Autonomie)* äußert sich in dem Bestreben einer selbstständigen Bestimmung der eigenen Ziele und Vorgehensweisen. Dabei impliziert dies nicht den Wunsch nach völliger Unabhängigkeit von anderen Personen, sondern den Wunsch nach der Erfahrung, sich als autonomes Handlungszentrum zu erleben. Die Handlungsfreiheit ist nur dort gewünscht, wo auch ein positives Gefühl der Bewältigung der Aufgabe existiert.

- *Soziale Eingebundenheit*: Diese äußert sich in dem Bestreben nach sozialen Kontakten sowie sozialer Anerkennung und Akzeptanz. Der Wunsch danach basiert auf der Identifikation mit Personengruppen, die eine Ausrichtung der eigenen Werte zu bewirken vermögen. Die Orientierung an Bezugspersonen ist besonders in der Kindheit stark vertreten, trägt aber auch im Erwachsenenalter eine große Bedeutung.

Bei der Betrachtung der Theorie wird deutlich, wie sich das emotionsbasiertes Steuerungssystem auf die Lernerfahrung auswirken kann [Kra05]. Dabei geht es nicht nur um die individuelle Stimmung, sondern um wissenschaftliche Kategorien des emotionalen Erlebens [Kra05]. Um die Lernmotivation aufrecht zu erhalten ist es im Umkehrschluss wichtig, dass die grundlegenden psychologischen Bedürfnisse der Lernenden hinreichend abgedeckt sind [Kra05,

S. 15ff.]. Die Befriedigung der grundlegenden psychologischen Bedürfnisse kann unter anderem als Basis für die Betrachtung der Entstehung von Motivation genutzt werden [Sai16, S. 110ff.].

3.6 Lernbarrieren bei Onlinekursen

Dass das Lernen durch die grundlegenden psychologischen Bedürfnisse (vgl. Kapitel 3.5) beeinflusst wird, findet sich auch in empirischen Untersuchungen wieder. Dafür können Abbruchraten bei *Massive Open Online Courses* (MOOCs) betrachtet werden. MOOCs sind Online-Kurse, die eine sehr hohe Teilnehmerzahl verzeichnen *(„massive")* und an denen jeder teilnehmen kann *(„open")*. Diese behandeln meist eine Reihe an Inhalten eines bestimmten Themenbereiches [KE15, S. 30ff.]. MOOCs sind zwar keine LMS, jedoch befinden sie sich auch im Bereich des digital gestützten Lernens. Bei MOOCs sind vielerlei Lernbarrieren vorhanden, wie beispielsweise zu wenig freie Zeit, fehlende extrinsische Motivation oder mangelnde Intention, den Kurs abzuschließen [KE14, OSB14]. Manche der Lernbarrieren weisen jedoch einen Bezug zu den grundlegenden psychologischen Bedürfnissen auf, wodurch sich eine Übertragbarkeit auf digital gestütztes Lernen im Allgemeinen vermuten lässt. Verschiedene Untersuchungen zeigen, dass die Abschlussraten der Kurse schwindend gering sind und die Abbruchraten meist bei über 90 % liegen [KE14]. Wichtige identifizierte Hemmnisse, die sich auf die vorliegende Arbeit übertragen lassen, sind unzureichende Hintergrundkenntnisse und -fähigkeiten, fehlende Motivation sowie mangelnde Interaktivität und Gefühle der Isolation [KE14, S. 1236ff.].

Unzureichende Hintergrundkenntnisse und -fähigkeiten: Wenn den Lernenden themen-spezifisches Hintergrundwissen fehlt, führt dies häufig zu Frustration und bei MOOCs zu einer niedrigen Abschlussrate [KE14, Mar06]. Auch fehlendes medienspezifisches Vorwissen, wie technische Kompetenz sowie Lese-, Schreib- und Tippfähigkeiten können den Lernerfolg hemmen [KE14, OSB14, Mar06]. Dieser Aspekt wird bei MOOCs vermutlich stärker ausgeprägt sein, jedoch unterstreichen die Einsichten die Relevanz der angemessenen Adressierung der Kompetenz der Lernenden.

Fehlende Motivation: Einen signifikanten Einfluss auf den Lernerfolg hat die Motivation der Lernenden [KE14]. Als mögliche beeinflussende Faktoren werden der zukünftige wirtschaftliche Nutzen, die Entwicklung der persönlichen und beruflichen Identität sowie Herausforderungen und Vergnügen genannt [KE14]. Besonders die Entwicklung der persönlichen Identität unterstreicht dabei das Bestreben nach Selbstbestimmung, welches im Speziellen durch konstruktivistisches Lernen adressiert werden kann [Sch17, Kra10].

Mangelnde Interaktivität und Gefühle der Isolation: Die wichtige Rolle von Interaktion und Kommunikation wird von diversen Forschungen bestätigt, da die Lernenden bei Gefühlen der Isolation den Fokus verlieren [KE14]. Der soziale Aspekt, der durch die Entwicklung eines persönlichen Lernnetzwerk entsteht, hat einen großen Einfluss auf den Lernerfolg [KE14]. Eine weitere Herausforderung ist das Fehlen einer zeitnahen und klaren Rückmeldung der Lehrenden, was zu Frustration führen kann [KE14]. Dies wird zusätzlich durch die asynchrone Natur digitaler Lernumgebungen erschwert [KE14].

3.7 Implikationen für die Gestaltung der Lehre im LMS

3.7.1 Adressierung der Kompetenz

Ein als wichtig identifizierter Aspekt in der Gestaltung von LMS ist die Adressierung der Kompetenz. Die Lernenden müssen das Gefühl haben, alle Kompetenzen erwerben zu können, um Herausforderungen in eigener Schaffenskraft zu bewältigen [Kra05, KS14]. Dazu zählen sowohl die fachlichen Kompetenzen als auch die, die für den Umgang mit digitalen Medien benötigten werden [Mar06]. Das Gefühl von Kompetenzerleben wirkt sich positiv auf die Emotionen der Lernenden und deren Lernerfolg aus [LPF18].

Um eine Überforderung der kognitiven Verarbeitung zu vermeiden, sollten die Lerninhalte stark modularisiert werden, wobei die zusammenhangsfördernde Bearbeitung erst nach dem Erwerb des Vorwissens absolviert werden sollte [PRS03, SAK11]. Für den Erwerb des Vorwissens sollte verständnisfördernde Unterstützung [GBW98] und Instruktion durch die Lehrenden geboten werden [Kra10]. Zur Erstellung von ressourcenschonenden Schemata und Förderung selbstständiger Problemlöse-fähigkeiten sollten das Ziel eine Vernetzung von Wissen sein [Ren15, Mot18, Kra10]. Dabei spielen kontextuelle Einordnung, Anwendung und Förderung des Transferwissens eine entscheidende Rolle [GBW98]. Für das Erleben von Kompetenz ist auch das subjektive Kontrollempfinden von Relevanz, weshalb Lernaktivitäten grundsätzlich klar verständlich, minimalistisch und gut strukturiert sein sollten [LPF18, Swa01, Mar06, Rey12]. Für das Kompetenzerleben im Anwendungsbezug ist Feedback zur Leistung der Lernenden bedeutsam [LPF18, S. 15]. Die Prüfung des Lernerfolgs soll das Ziel haben, weiteres Lernen zu fördern und Rückmeldungen zu Lernprozessen und Kompetenzstand zu bieten [AKAG15, S. 295]. Dabei ist die Aufgabengestaltung eine besonders große Herausforderung. Die Aufgaben müssen auf der einen Seite schwierig und neuartig genug sein, um Unterforderung und Langeweile zu vermeiden. Auf der anderen Seite dürfen sie nicht zu komplex sein, um die Lernenden nicht zu überfordern [LPF18]. Die richtige Balance variiert stark von Person zu Person, da die Komplexität einer Aufgabe maßgeblich vom individuellen Wissensstand abhängt [LPF18]. Daher könnte die Betrachtung adaptiver und intelligenter Lernsysteme vielversprechende Einsichten liefern [LPF18, S. 13]. Selbst die Sinnhaftigkeit einzelner Medien und Formate ist aufgrund der hochindividuellen Lernbedarfe stark abhängig vom persönlichen Lernziel des Individuums, der Zielgruppe und dem Einsatzbereich des Systems [Bou17, S. 5]. Aus diesen Gründen soll in Kapitel 4.1 das *personalisierte Lernen* näher betrachtet werden.

3.7.2 Überlassen von Gestaltungsspielräumen

Ein weiterer identifizierter Aspekt ist das Überlassen von Gestaltungsspielräumen. Dieser Aspekt resultiert aus dem psychologischen Bedürfnis, die eigenen Ziele und Vorgehensweise selbstständig bestimmen zu wollen [KS14, Kra05]. Der Konstruktivismus und die Bewegung des situierten Lernens kommen zu ähnlichen Ergebnissen und verlangen eine Gestaltung von Lernumgebungen, die selbstorganisiertes und flexibles Lernen fördern. Demnach wird Wissen durch die Individuen aktiv konstruiert und nicht lediglich passiv aufgenommen [Kra10].

Bei diesem Aspekt bietet computergestütztes Lernen einen besonderen Mehrwert. Im Vergleich zum konventionellen Lernen bestehen deutlich mehr Möglichkeiten, aktiv mit Lernmaterialien umzugehen [Sch17, S. 158]. Weiterhin stellt dies einen Vorteil dar, den die Lernenden selber erleben können. Damit das LMS den Mehrwert nutzen kann, sollte es sich laut Schulmeister auf eben diese interaktiven Inhalte fokussieren [Sch17]. In dem Fall bedeutet Interaktivität nicht die Interaktion untereinander (vgl. Kapitel 3.7.3), sondern die Interaktion mit dem Lernobjekt [Sch17]. Eine stark interaktive Übung zeichnet sich dadurch aus, dass Lernende den Inhalt modifizieren können, intelligente Rückmeldung bekommen und die Repräsentationsform der Übung variieren können [Sch17]. Dieser Aufbau proaktiver Übungen fördert das konstruktive und entdeckende Lernen sowie die Motivation der Lernenden [Sch17, Kra10]. Bei einer hohen Interaktion zwischen Lernenden und System kann auch empirisch ein signifikanter Einfluss auf den wahrgenommenen Lernerfolg nachgewiesen werden [AB07].

Ein Beispiel aus der Praxis ist *Codecademy* (vgl. Anhang A). Dort können in stark interaktiven Übungen Programmierkenntnisse erlernt werden. Die Lernenden müssen anhand einer Frage einen Code-Ausschnitt überarbeiten (Modifizierung des Inhalts). Diesen Code können sie ausführen und erhalten bei Fehlern Feedback zur genaueren Lokalisierung des Fehlers (intelligente Rückmeldung). Bei der Aufgabenstellung kann zwischen wenig und vielen Tipps unterschieden werden, sowie ein Forum zur Diskussion der Aufgabe besucht werden (Variierung der Repräsentationsform).

Ein weitere Möglichkeit, Handlungsspielraum einzuräumen, ist das digitale spielbasierte Lernen [LPF18, S. 14]. Hohe Interaktivität mit dem Lernobjekt stellt dort eines der Hauptmerkmale dar [SKOC07] und Reihenfolge oder Auswahl der Lernaktivitäten können freier sein sowie virtuelle Belohnungen Anreize schaffen [LPF18]. Digitales spielbasiertes Lernen ermöglicht die Befriedigung des psychologischen Bedürfnisses nach Autonomie [Mot18, S. 36, LPF18]. Dadurch können intrinsische Motivation und positive Emotionen beim Lernen begünstigt werden [LPF18]. In Kapitel 4.2 soll näher auf daraus resultierende Möglichkeiten eingegangen werden.

3.7.3 Soziale Einbindung

Ein Aspekt, der in der Literatur an diversen Stellen auftaucht, ist die Relevanz der sozialen Eingebundenheit. Diese resultiert aus dem psychologischen Bedürfnis nach Anerkennung, Akzeptanz und sozialen Kontakten [Kra05, KS14]. In digitalen Lernumgebungen hat die soziale Eingebundenheit und Interaktion zwischen Teilnehmern einen signifikanten Einfluss auf den Lernerfolg [AB07]. Außerdem ist sie eine Voraussetzung für Freude am Lernen und intrinsische Motivation [LPF18]. Da beim zeitlich und räumlich unabhängigen Lernen die Gefahr zu Gefühlen der Isolation deutlich größer ist, sollten LMS die Möglichkeit zu bedeutsamen Lerninteraktionen bieten [AB07, S. 855]. Obwohl LMS über Funktionalitäten verfügen, die sich für die Unterstützung des kollaborativen Lernens verwenden lassen, werden diese nur selten von den Lernenden und Lehrenden verwendet [zit. nach MK09, Rud02, LHP04]. Lerntheoretiker behaupten, dass Chancen des kollaborativen eLearning nicht unbedingt für Umgebungen verallgemeinert werden können, die nur für Materialverteilung oder unkontrollierte Interaktionen genutzt werden [zit. nach MK09, Rud02, LHP04].

Eine möglicher Ansatz ist die Kollaboration unter physisch präsenten Lernenden [LPF18]. Die Motivation und Bindung können steigen, wenn statt der alleinigen Interaktion mit dem Endgerät auch die Betreuung realer Lehrpersonen und die Eingebundenheit in eine anwesende Gruppe stattfinden [Ker13, S. 9]. Daher wird in Kapitel 4.3 das Konzept *Blended Learning* näher erläutert, bei dem es sich um eine Kombination von virtuellen Inhalten und Präsenz-Inhalten handelt.

Trotzdem muss das kooperative Arbeiten im digitalen Raum nicht aufgegeben werden, da auch dabei ein positiver Einfluss auf Lernerfolg und intrinsische Motivation grundsätzlich möglich ist [POH13]. Besonders der Austausch mit Gleichaltrigen kann ein Motivationsfaktor sein, sich zu verbessern [AB07]. Um dort das Gefühl der sozialen Eingebundenheit zu verstärken, können virtuelle Lernpartnerschaften etabliert werden [LPF18, S. 14]. Folglich wird in Kapitel 4.4 das *KOPING-Verfahren* erläutert, das in diesem Rahmen Anwendung findet.

4 Erweiterungsmöglichkeiten

4.1 Personalisiertes Lernen

Eine wichtige Chance des digital gestützten Lernens ist die bessere Abstimmung der Lernpfade und Medien auf die gesamte Zielgruppe und einzelne Individuen [Bou17, S. 4]. Bei Befragungen gaben Lernende an, dass sie sich bei LMS eine stärkere Anpassung des Lernprozesses anhand individueller Bedürfnisse wünschen würden [AKAG15, S. 101]. Zu den persönlichen Faktoren gehören beispielsweise Bildungsstand, kultureller Hintergrund, Persönlichkeitsmerkmale, Fähigkeiten und Fertigkeiten [Mel19, S. 109].

Das dahinterstehende didaktische Konzept ist das *personalisierte Lernen*, das eine Differenzierung und Individualisierung beinhaltet [Mel19, S. 4ff.]. Dieses Konzept existiert schon länger [Mel19]. Eine Möglichkeit den Wunsch nach Individualisierung zu adressieren und somit heterogene Zielgruppen und Diversität besser zu berücksichtigen, ist eine intensivere Betreuung durch Lernen in kleineren Gruppen [Sch09, S. 114]. Das ist jedoch mit einem deutlich höheren Aufwand verbunden und daher oft nicht umsetzbar [Sch09]. Zahlreiche Wissenschaftler sind der Meinung, dass adaptive Systeme eine skalierbare Möglichkeit bieten, den Aufwand der Individualisierung maßgeblich zu verringern [Sch09]. *Adaptive Lernsysteme* haben das Ziel, anhand relevanter Merkmale der Lernenden die Auswahl und Darstellung von Lerninhalt und -methoden individuell anzupassen [Sch09]. Deren technische Grundlage ist in der Regel ein LMS [Bou17, S. 4]. Zu Beginn soll näher auf den Begriff der Adaptivität eingegangen werden, bei dem Schulmeister zwischen drei Formen differenziert [Sch09, S. 116ff.]:

- Die *Schnittstellen-Adaptivität* beschreibt die Möglichkeit, das LMS an die Wünsche und Bedürfnisse anpassen zu können. Dazu gehören beispielsweise die Konfiguration (z. B. Integration von externen Werkzeugen) und Aspekte der Barrierefreiheit (z. B. sprechbarer Text).

- Die *statische Lerner-Adaptivität* bezeichnet hingegen eine Form der Adaptivität, die auf den individuellen Lernenden eingehen kann. Vor Beginn des Lernprozesses werden relevante Merkmale abgefragt, die zu einer Umstrukturierung (z. B. Veränderung der Reihenfolge) oder einer Auswahl (z. B. unterschiedliche Übungsformen und Aufgaben) von Lerninhalten führen. Mögliche Merkmale sind beispielweise der Lernstil, das Vorwissen und die Performance.

- *Dynamische Lerner-Adaptivität* ist die „intelligente" Adaptivität und ermittelt selbstständig und fortlaufend die Merkmale der Lernenden, was im Lernprozess umgehend zu einer Korrektur von Methodik und Inhalten führt. Hierbei spielen oft maschinelles Lernen und neuronale Netze eine Rolle.

Schulmeister sieht hingegen auch Probleme bei der Entwicklung adaptiver Lernsystemen [Sch09, S. 128ff.]. Die Lernenden sind zwar sehr individuell, jedoch heißt das noch nicht, dass ihnen Wissen zwingendermaßen unterschiedlich präsentiert werden sollte. Die richtige Vorgehensweise, insbesondere beim Lernstil, hängt häufig nicht nur von individuellen Merkmalen, sondern auch vom vorliegenden Thema, dem Kontext oder der Aufgabe ab. Kontextunabhängige Systeme können seiner Meinung nach Adaptivität nicht auf kontextabhängigen Merkmalen aufbauen. Merkmale zu Beginn zu erfassen (statische Lerner-Adaptivität) ist nicht günstig, da Lernende noch gar nicht wissen, was sie erwartet, und diverse Merkmale (z. B. Motivation, Selbstreflexion) erst im Verlauf des Lernprozesses erfasst werden können. Seiner Ansicht nach wird man außerdem nie alle Variablen erfassen und widerspruchsfreie Informationen daraus ableiten können. Die Lernvariablen sind meist Konstrukte der Psychologie, die aus unterschiedlichen Ansätzen und Annahmen stammen und nicht immer direkt kombinierbar sind [Sch09]. Eine weitere komplexe Herausforderung ist die Abbildung von Wissen in mathematischen Modellen [Erp13, FCDT06].

Als alternative Lösung der Diversitätsproblematik sieht Schulmeister offene Lernsituationen [Sch09, S. 131ff.]. Diese zeichnen sich durch starke Interaktivität mit dem Lernobjekt, hohe Freiheitsgrade im Vorgehen und ein ausgeprägtes Maß an Rückmeldung aus. Lernende sollen nicht zu einem bestimmen Lernstil gezwungen werden, was Schulmeister dem Paradigma des hier unpassenden Instruktionismus zuordnet. Das Individuum selbst sieht er als adaptivstes System. Vorteilhaft sind Lerninhalte, die vielfältig und gut für Interpretationsleistung geeignet sind. Anhand bisheriger Erfahrungen sollen die Lernenden selbstständig Inhalte selektieren und Entscheidungen für Lernstrategien treffen. [Sch09]

Der Ursprung und die Begründung seiner Kritik scheinen berechtig zu sein. Allerdings schließt die Offenheit nicht grundsätzlich aus, auch technisch individuelle Bedürfnisse zu berücksichtigen. Den Lernenden fehlt oft das Wissen über eigene Lernpräferenzen, weshalb an dieser Stelle Unterstützung geboten werden sollte [Mel19]. Das didaktische Konzept dahinter stellt das *selbstregulierte personalisierte Lernen* dar, welches den Ideen des konstruktivistischen

Lernparadigmas folgt und die Lernenden für die Personalisierung verantwortlich macht [Mel19]. Dabei liegt eine gewisse Offenheit vor und Lernende entscheiden selbst wann, wo und wie sie von den Lehrenden geführten Übungen angehen [Mel19, S. 4ff.]. Bei dieser Sichtweise auf adaptive Lernsysteme geht es nicht darum, ein perfektes Zuschneiden auf die Lernenden zu erreichen. Die Lernprozesse werden automatisch verfolgt und bewertet. Jedoch werden die resultierenden Erkenntnisse nur verwendet, um das weitere Vorgehen zu empfehlen [Mel19]. Einfache Beispiele sind die Wiederholung eines Themenbereichs bei falschen Antworten oder Vertiefungen komplexerer Themen [Mel19]. Digital gestütztes Lernen, insbesondere Blended Learning (vgl. Kapitel 4.3), spielt durch das Bereitstellen der notwendigen Flexibilität eine Schlüsselrolle für das selbstregulierte personalisierte Lernen [Mel19].

Melzer und Schoop sehen personalisiertes Lernen als aktiven und kooperativen Prozess und schlagen als Erklärungsversuch das *Framework zum personalisierten Lernen* (vgl. Abbildung 3) vor [Mel19, S. 108ff.].

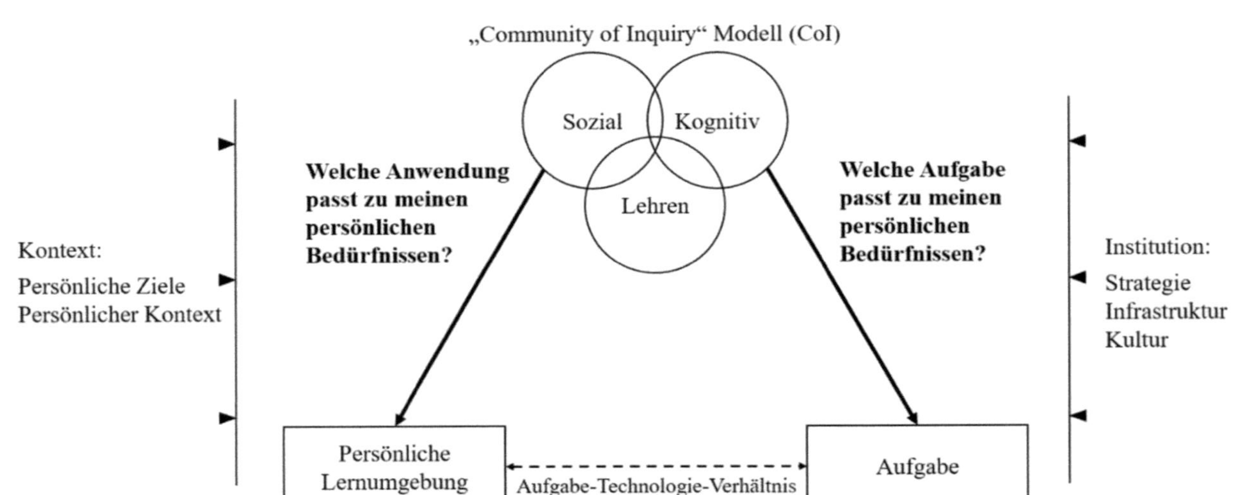

Abbildung 3: Framework zum personalisierten Lernen
Quelle: Eigene Darstellung in Anlehnung an [MS15, S. 7].

Von zentraler Wichtigkeit ist dabei das Modell „Community of Inquiry" (CoI), was Lernen als eine Schnittmenge aus sozialer, kognitiver und lehrender Präsenz betrachtet. Soziale Präsenz umfasst die Bildung zusammenhängender Lerngruppen, kognitive Präsenz modelliert das individuelle Lernen nach aktueller Forschung und lehrende Präsenz die Umsetzung von Klassen und Kursen. Anhand dieses Modells werden für die Lernenden die persönlichen Lernaufgaben und die persönliche Lernumgebung ausgewählt. Die Personalisierung ist dabei beeinflusst vom Kontext und Zielen der Lehrenden sowie von Strategie, Infrastruktur und Kultur. [Mel19]

Aus dem Framework zum personalisierten Lernen leiten Melzer und Schoop Anforderungen für das personalisierte Lernen ab. Personalisierung erfolgt in Bezug auf die Lernaufgabe (z. B. Übungen) und die Lernumgebung (z. B. Social Media Werkzeuge und Kommunikation). Das LMS muss folglich Freiheiten und Orientierung bieten, sowie die passende technische Unterstützung liefern [MS15, Mel19]. Garrison und Arbaugh beschreiben wichtige Ansätze zu Förderung der Bestandteile des CoI Modells [zit. nach Mel19, GA07]. Für die soziale Präsenz sollte die Kommunikation und Kollaboration gefördert werden. Die Erfüllung kognitiver Präsenz hingegen gebietet die Wahl von Ansätzen, die auf entdeckendem Lernen basieren. Die lehrende Präsenz erfordert ein Konzipieren und Organisieren durch die Lehrenden, sowie direkte Anweisungen, falls diese notwendig sein sollten [zit. nach Mel19, GA07].

Der Analyst Josh Bersin prägte im Rahmen des selbstgesteuerten personalisierten Lernens den Begriff *Learning Experience Platform* (LXP) [1]. Klassische LMS sieht er als veraltet an. Als relevante Funktionalität einer LXP sieht er die Darstellung anhand einer „Netflixähnlichen" Benutzeroberfläche, die auch mobil abrufbar ist und KI-gesteuerte Empfehlungen ausgibt. Die LXP ermöglicht eine Integration fast jeder Form von Lerninhalten (z. B. auch Blog-Artikel), beinhaltet Profile zur sozialen Vernetzung und hat Lernpfade, wodurch Inhalte auf ein logisches Lernergebnis abzielen. Sie sind benutzerfreundlich, ermöglichen den Individuen eigene Inhalte zu veröffentlichen und verfügen über ausgezeichnete Such- und Lernfunktionen [1]. Ein Hype um LXP in den nächsten Jahren scheint möglich zu sein, da der Markt derzeit sehr schnell wächst [2]. Zum Zeitpunkt der Arbeit entsteht in diesem Bereich zum Beispiel das Startup *edyoucated* von ehemaligen Studierenden der Universität Münster [3].

4.2 Digitales spielbasiertes Lernen

Die Tätigkeit des Spielens nimmt unabhängig von Epoche und Kultur eine große Rolle im menschlichen Dasein ein [Mot18, S. 35]. Derzeit genießen Computerspiele eine weitreichende Popularität und diverse Erkenntnisse der Empirie weisen auf einen möglichen Nutzen für die Bildung hin [Mot18, S. 15]. Unter Computerspielen fasst man regelbasierte und technisch betriebene Anwendungen, deren Spielergebnisse sich durch Handlungen der Spielenden steuern lassen [Mot18, S. 41]. Unter *computerbasierten Lernspielen* lassen sich Computerspiele subsummieren, die sich für die Vermittlung von Informationen nutzen lassen und einen direkten Bezug zu fachwissenschaftlichen Themen haben [Mot18].

Spielen und Lernen wird häufig ein Gegensatz angesehen, da eine grundlegende Meinung besagt, dass Spielen nur dem Spaß dient und Lernen keinen Unterhaltungszweck hat [FBU10, S. 43]. Hier scheint eine gemäßigte Einstellung passender zu sein, da das Spiel trotz der unterschiedlichen Vorstellungen auch Merkmale aufweisen kann, die mit einem lernförderlichen Einfluss in Verbindung gebracht werden [Mot18, S. 47ff.]. Es fällt direkt der enge Bezug auf, den generelle Eigenschaften von Computerspielen zu den Anforderungen des konstruktivistischen Lernparadigmas haben [Lie09]. Eine kreative und experimentelle Auseinandersetzung mit dem Thema ist sowohl Bestandteil des Spielens als auch des Konstruktivismus [Lie09, S. 120]. Daher versuchen aktuelle Lernspiele meist eine Lernwelt zu präsentieren, die ebendiese selbstgesteuerte und entdeckende Aufnahme von Wissen in den Vordergrund rückt [SLT18, S. 176]. Im Vergleich zu anderen Lernformen ist eine passive Haltung im Computerspiel kaum möglich [Van07], sodass diese grundsätzlich in der Lage sind, die Aufmerksamkeit der Lernenden auf sich zu ziehen [Mot18, S. 60].

Beim digitalen spielbasierten Lernen existieren allerdings diverse Herausforderungen. Engenfeldt-Nielsen identifizierte beispielweise, dass die Rahmenbedingungen schulischer Natur sein müssen (z. B. unterrichtsähnliche Zeiten), die Lernenden über ein gewisses Maß an digitalen Kompetenzen verfügen und Lehrende Vorbereitungszeit benötigen [Ege06]. Untersuchungen zeigen, dass ein zu hoher Freiheitsgrad bei den Wahlmöglichkeiten zu einer Überforderung der selbstregulatorischen Fähigkeiten führen kann, was negative Folgen für das Lernergebnis mit sich bringt [LPF18, S. 10ff.]. Außerdem kann Langeweile den Fokus auf lernirrelevante Sachen (z. B. Gestaltung eines Avatars) lenken (*„off-task behavior"*) sowie zu einem absichtlichen Ausnutzen von Hilfestellungen oder Möglichkeiten des Schummelns (*„gaming the system"*) führen [LPF18]. Eine weitere Herausforderung ist die Gestaltung des Leistungsvergleiches. Das Gefühl, nicht so gut wie andere zu sein, kann negative Emotionen zur Folge haben, weshalb ein zu intensiver Vergleich von Leistungen vermieden werden sollte [ME09]. Zeitlich begrenzte kompetitive Phasen zwischen Kleingruppen können hingegen förderliche Effekte auf die Motivation mit sich bringen [LPF18, S. 15]. Lernspiele können hierbei außerdem den Ansatz bieten, Leistungen nur unterschwellig zu zeigen (z. B. Freischalten eines neuen Levels), was Fehler weniger gravierend erscheinen lässt [LPF18]. Es sollte darauf geachtet werden, dass alle lernrelevanten Inhalte auch eine Relevanz für den Spielverlauf haben, da diesen sonst kaum Beachtung geschenkt wird [Mot18, S. 52f.]. Des Weiteren muss darauf geachtet werden, dass Lernende nicht das Gefühl vermittelt wird, sie würden belehrt werden, da sie sonst dazu tendieren, in eine rein lernbezogene Erlebnisdimension zurück zu wechseln [Mot18].

Auf die lernrelevante Gestaltung digitalen spielbasierten Lernens lassen sich die neun in Kapitel 3.3. genannten Instruktionsschritte von Gagné beziehen [Van07, S. 278ff.]. Beispiele für eine mögliche Umsetzung finden sich in Tabelle 1.

	Instruktionsschritt	**Mögliche Umsetzung im spielbasierten Lernen**
1	Erregung der Aufmerksamkeit	Videosequenz, Erzählung, Musik
2	Unterrichtung über das Lernziel	Einführungsfilm, Einblendung von Text, Spielerische Verknüpfung mit Ziel des Spiels
3	Stimulierung der Erinnerung an frühere Lernerfahrungen	Dialog, Rückblende

	Instruktionsschritt	Mögliche Umsetzung im spielbasierten Lernen
4	Präsentation des Lernmaterials	Anordnung der Rätsel oder Hindernisse nach Spielziel, Wahl des Charakters
5	Unterstützung der Lernenden	Gezielte Gestaltung der virtuellen Welt, Hinweise, helfende Charaktere des Spiels
6	Durchführung lernbezogener Handlungen	Bewegung durch das Spiel, Eingriffsmöglichkeiten in die virtuelle Welt nach vorgegebenen Regeln
7	Bereitstellung von Feedback zur Richtigkeit	Visuelle oder auditive Rückmeldungen auf Handlungen, Freischaltung neuer Bereiche
8	Evaluation des Lernfortschritts	Bewältigung von Spielabschnitten, Punkteübersicht
9	Förderung der Erinnerung und des Transfers	Wiederkehren von Herausforderungen in unterschiedlicher oder komplexerer Form

Tabelle 1: Instruktionsschritte in Lernspielen
Quelle: Eigene Darstellung in Anlehnung an [Van07, S. 278ff., Mot18].

Die grundlegenden psychologischen Bedürfnisse nach Deci und Ryan (vgl. Kapitel 3.5) lassen sich sehr gut verwenden, um das pädagogische Potential näher zu betrachten [Sai16]. Dabei weist die Bedürfnisbefriedigung durch digitales spielbasiertes Lernen Merkmale auf, die besonders gut für die Erfüllung der psychologischen Bedürfnisse geeignet sind. Die Bedürfnisbefriedigung findet unmittelbar, konsistent, und dicht statt [zit. nach Sai16, Gon13, RR11]:

- *Unmittelbar* bezieht sich auf die Unmittelbarkeit der Bedürfnisbefriedigung durch die sofortige und einfache Zugänglichkeit von Spielen.

- *Konsistent* bezieht sich auf die Konsistenz der Regeln und Abläufe in Spielen, wodurch ein verständlicher Zusammenhang zwischen Handlung und Ergebnis entsteht. Diese nachvollziehbare Belohnung von Anstrengungen ist relevant für Autonomie- und Kompetenzbedürfnis und in Situationen des realen Lebens häufig nicht ausreichend vorhanden.

- *Dicht* bezieht sich auf die hohe Dichte, beziehungsweise Frequenz, in der Bedürfnisse befriedigt werden. Dies kommt beispielsweise durch das häufige Feedback zustande.

Eine besondere Form von digitalem spielbasiertem Lernen, die eine deutlich bessere Anwendbarkeit im Rahmen von LMS findet, ist *Gamification*. Dabei handelt es sich nach einer der am weitesten anerkanntesten Definitionen von Deterding et al. [vgl. Sai16] um die Verwendung von Elementen des Spiel-Designs, die ursprünglich Spielen entstammen, in einem vom Spielen fremden Kontext *(„the use of game design elements in non-game contexts")* [DDKN11, S. 1]. Diese Definition legt eine Übertragbarkeit der Merkmale von Computerspielen und die damit einhergehende Bedürfnisbefriedigung und Anwendbarkeit der Theorie von Deci und Ryan nahe [Sai16].

Eine der grundlegendsten Funktionen von Gamification ist Bereitstellung von Feedback. Dies ist ein essentieller Bestandteil der Adressierung der Kompetenz [Sai16]. Außerdem erhöht die intelligente Rückmeldung die Interaktivität mit dem Lernobjekt und fördert somit das Bedürfnis nach Autonomie [Sch17]. Unter anderem die folgenden Elemente des Spiel-Designs bieten Möglichkeiten zur Bereitstellung von Feedback [Sai16, RR11]:

- *Punkte*: Das Sammeln von Punkten durch gewisse Aktivitäten in der gamifizierten Umgebung gibt den Lernenden unmittelbares Feedback auf ihre Handlungen *(granulares Kompetenzfeedback)*.

- *Leistungsgraphen*: Die Visualisierung von Leistungen über einen bestimmten Zeitverlauf machen persönliche Fortschritte der Lernenden über eine Zeitspanne sichtbar *(nachhaltiges Kompetenzfeedback)*.

- *Abzeichen*: Die Gewährung von Abzeichen, bzw. Badges, dienen als Anerkennung für eine Sequenz von Aktivitäten und lassen sich permanent durch die Lernenden einsehen *(kumulatives Kompetenzfeedback)*.

- *Bestenlisten und Team-Bestenlisten*: Der Vergleich in Bestenlisten ist eine weitere Form des kumulativen Kompetenzfeedbacks, bei dem eine Reihe von Aktivitäten bewertet werden und ein Vergleich mit anderen Personen oder Personengruppen erstellt wird.

Wie bei Computerspielen sollte auch bei Gamification kein zu intensiver Fokus auf Leistungsvergleich liegen und statt auf langfristige Bestenlisten eher auf kurzfristige Team-Bestenlisten zurückgegriffen werden [LPF18, ME09]. Dennoch ist allgemein zu beachten, dass die Elemente der Gamification die Lernenden herausfordern und ihnen die Möglichkeit bieten, ihre Kompetenzen unter Beweis zu stellen [Sai16].

Um den positiven Einfluss von Gamification auf die Erfüllung des Bedürfnisses nach Autonomie [vgl. SCHD14, PLP+12] weiter zu unterstützen, sollten Handlungsspielraum und somit Wahl- und Entscheidungsmöglichkeiten geboten werden [Sai16]. Ein Aspekt ist, dass der gamifizierte Teil bestenfalls freiwillig sein sollte [Sai16]. Außerdem ist eine erfolgversprechende Möglichkeit, dies im Rahmen von einem *heldenhaften Narrativ ("heroic narrative")* vorzunehmen [Sai16, RR11]. Dabei können Avatare bereitgestellt werden, die durch die Lernenden personalisierbar sind und sich im Laufe der Zeit weiterentwickeln lassen. Das Lernen findet in einem narrativen Kontext statt, wodurch sich die Lernenden in eine Erzählung involviert fühlen. Das Narrativ muss nicht unbedingt über Wahlmöglichkeiten verfügen, um eine unterstützende Wirkung zu haben. Ein möglicher Effekt kann sein, dass langweilige Aufgaben als spannende und lohnenswerte Handlungen wahrgenommen werden [Sai16, RR11].

4.3 Blended Learning

> „Das Lernen mit digitalen Medien weist Potenziale auf, um bestimmte Lernformen zu unterstützen; es ist aber nicht als solches besser als andere Lehr-Lernformen und wird traditionellen Unterricht nicht grundsätzlich ersetzen" [Ker13, S. 8].

Die erarbeiteten Ergebnisse (vgl. Kapitel 3) legen nahe, dass die Einbindung der sozialen Aspekte näher betrachtet werden sollte. Im universitären Kontext unterscheidet Schulmeister den Grad der Virtualität in vier Kategorien [Sch09, S. 192]:

- Im *Präsenzseminar* finden ausschließlich physische Treffen statt und es werden keine digitalen Materialien benutzt.

- Im *virtuellen Seminar* finden ausschließlich virtuelle Treffen statt und alle Materialien sind digital.

- Bei *Präsenz begleitet durch Netz* finden ausschließlich physische Treffen statt, die durch den digitalen Zugriff auf Lernmaterialien unterstützt werden.

- Bei *Blended Learning* findet eine Vermischung von Online- und Präsenzlernen statt, was in diesem Abschnitt genauer betrachtet werden soll.

Blended Learning, häufig auch *Integriertes Lernen*, ist ein didaktisches Konzept, das die Möglichkeiten des digital gestützten Lernens mit den Lernmethoden des konventionellen Präsenzlernens optimal vereinbaren möchte [ESS15, S. 29]. Die Organisation des Lernens und der Austausch finden überwiegend Online statt. Es gibt immer noch einen Anteil an Präsenzlernen, wovon jedoch Teile in das LMS verlegt werden [SLT18, S. 175]. Wie sich das genaue anteilige Verhältnis von Online- und Offline Inhalten darstellt, ist nicht genau festgelegt und variiert zwischen den Anwendungsfällen [SLT18]. Eine entscheidende Rolle spielt Blended Learning vor allem dort, wo bereits Präsenzlernen und digitales Lernen stattfinden, wie in der betrieblichen und akademischen Bildung [ESS15, HCSJ16].

Kritisch hervorzuheben ist, dass Blended Learning nicht von sich aus Vorteile bietet [Ker13, S. 8]. In manchen Fällen suggeriert Blended Learning ein vermeintliches didaktisches Konzept, obwohl die Brücke zwischen virtuellen Anteilen und Präsenzanteilen von den Lernenden selbst geschlagen werden muss [Ker13, S. 8, Sch17]. Für den positiven Effekt auf den Lernerfolg ist es jedoch wichtig, dass beide Anteile integriert und verbunden werden, anstatt widersprüchlich oder belanglos parallel zu laufen [Sch17, HCSJ16]. Dafür sollten beispielsweise die Zusammenwirkung und die didaktische Aufbereitung der einzelnen Inhalte erläutert werden [Ker13]. Außerdem gilt es stets, die Kontaktaufnahme zu den Lehrenden zu ermöglichen [ESS15, AKAG15, S. 256].

Eine bekannte Methode aus dem Bereich des Blended Learning ist *Flipped Classroom*. Dabei werden in einer Vorbereitungsphase Lerninhalte digital bereitgestellt und durch die Lernenden eigenständig verinnerlicht [Mel19, SLT18]. Anschließend findet eine Präsenzveranstaltung statt, die sich auf die Beurteilung und Anwendung des Wissens konzentriert und genutzt wird, um das Gelernte gemeinsam zu diskutieren und zu anzuwenden [SLT18, Mel19]. In der Präsenzphase kann auch von Fallstudien oder interaktiven Rollenspielen Gebrauch gemacht werden [Mel19]. Das Flipped Classroom eignet sich besonders gut, um selbstreguliertes personalisiertes Lernen (vgl. Kapitel 4.1) zu ermöglichen [Mel19, S. 5]. Es kann dabei helfen, mehr auf die Individualität der Lernenden einzugehen, die Interaktion untereinander zu fördern und das Präsenzlernen effizienter für eine Verankerung des Wissens zu nutzen [BS12]. Meist findet sich die Methode an Hochschulen, da Selbstdisziplin, digitale Fähigkeiten und gutes metakognitives Wissen Voraussetzung für den Erfolg darstellen [Mel19]. Wie bei vielen Methoden ist auch hier der Ansatz schwer zu generalisieren und die optimale Vorgehensweise in verschiedenen Anwendungsbereichen unterschiedlich [zit. nach Mel19, FM14]. So sollte zum Beispiel eine Evaluation der passenden Balance aus Präsenzveranstaltung und Vorbereitungsphase stattfinden [zit. nach

Mel19, FM14]. Manchmal kann es außerdem sinnvoll sein, gewisse Teile der Wissensaneignung in die Präsenzphase zu legen, sodass es durch den praxisorientierten Kontext nicht zu "trägem Wissen" wird [ESS15, S. 29]. Außerdem ist es wichtig, dass die Lernenden eine Rückmeldung bekommen (z. B. durch Online-Tests), wodurch sie sich ihres Wissensstands bewusst werden [ESS15].

4.4 KOPING-Verfahren

Blended Learning und digital gestütztes Lernen im Allgemeinen verlangen ein hohes Maß an metakognitivem Wissen, bei dem die Überwachung der Lernprozesse deutlich stärker in die Verantwortung der Lernenden fällt [Mel19, ESS15]. Dies stellt sich als Belastung dar, deren Untersuchungen zu dem Ergebnis gekommen sind, dass Austausch und Hilfe durch aktive Diskussion eine bessere Belastungsbewältigung zur Folge haben können [ESS15]. Dieser Austausch hat unter anderem einen maßgeblichen Einfluss auf die Wahrnehmungsfähigkeit und den Lernprozess [Swa01, Ker13]. Die Relevanz der Konventionalisierung von Wissen durch Austausch wird an diversen Stellen der Literatur genannt [z. B. AB07, Ker13, Sch17].

Wahl und Schmidt schlagen zur Adressierung dieser Herausforderung die *Kommunikative Praxisbewältigung in Gruppen* (KOPING) vor [WS08]. Die Anlehnung an den englischsprachigen Begriff Bewältigung *("coping")* ist bewusst gewählt und deutet an, dass Schwierigkeiten durch gegenseitigen Austausch in Kleingruppen bewältigt werden sollen [WS08]. Die Effektivität des Verfahrens begründen sie anhand der Social-Support Forschung, die die Integration in ein Netzwerk gut funktionierender sozialer Beziehungen, die Sicherheit, Unterstützung zu bekommenen, sowie den emotionalen Austausch als entscheidend für die Bewältigung von stressigen und belastenden Situationen sehen [zit. nach WS08, Fra86].

Erpenbeck et al. beschreiben die vier sozialen Ebenen des KOPING-Verfahrens. Diese teilen sich auf in einzelne Lerner, Lerntandems, KOPING-Gruppen und Lernkurse [ESS15, S. 22f.]:

- *Einzelne Lerner* sind die Elemente des Systems, die am leichtesten zu beeinträchtigen sind. Der Lernprozess erfordert viel Zeit und durch das Schwinden anfänglicher Motivation können Lernerfolge ausbleiben. Mögliche Ursachen hierfür sind anfängliche Probleme, fehlende Hilfe, ungünstige Umstände oder menschliche Bequemlichkeit.

- *Lerntandems* sind dauerhafte Lernpartnerschaften aus zwei Lernenden, die durch die Kooperation mit einer vertrauten Person Herausforderungen besser bewältigen können. Diese gegenseitige Hilfe hat einen stabilisierenden Effekt und reduziert potentielle Risiken im Lernprozess.

- *KOPING-Gruppen* bestehen aus drei bis maximal vier Lerntandems, die durch Zusammenarbeit und gegenseitiges Motivieren ihre Lernprozesse weiter unterstützten. Es finden bedarfsgerechte oder regelmäßige Treffen statt, die entweder selbstorganisiert sind oder durch Anleitung der Lehrenden geführt werden. Eine Möglichkeit die KOPING-Gruppen zu nutzen, sind größere Aufgaben, die arbeitsteilig bearbeitet werden müssen.

- Der *Lernkurs* umfasst den gesamten Kurs und dient beispielsweise einer Präsentation von Ergebnissen oder einer weiteren Diskussion offener Aufgaben.

Erpenbeck et al. fassen auch die Anforderung zusammen, sodass sich die Individuen und Gruppen des Netzwerks optimal in ihrem Lernprozess unterstützen können. Dabei ist es besonders wichtig, dass Partnerschaften nicht zugeteilt werden, sondern frei wählbar sind. Deren Mitglieder sollen sich verstehen, akzeptieren (Prinzip der Sympathie) und somit bereit sein, Schwächen darzulegen und sich dem anderen anzuvertrauen. Außerdem sollte zwischen den Partnern kein Machtgefälle bestehen (Grundsatz der Symmetrie). Daher sollten sie über einen ähnlichen Erfahrungshintergrund verfügen sowie ein ausgeglichenes Verhältnis aus Geben und Nehmen etablieren. Es sollten unkomplizierte Möglichkeiten der Kommunikation geboten werden und regelmäßige Treffen (virtuell oder persönlich) verpflichtend sein. Das Ziel dabei ist die Festigung einer vielartigen und intensiven Beziehung über einen langen Zeitraum. [ESS15, S. 18ff.]

Dieser Fokus auf der Stärkung des sozialen Netzwerks ermöglicht sozio-emotionale Stabilisierung und konkrete Hilfe. *Sozio-Emotionale Stabilisierung* beschreibt die unterstützenden Gefühle, umsorgt und aufgehoben zu sein, die durch die Einbindung und Anteilnahme in den Lerntandems und KOPING-Gruppen zustande kommen [zit. nach ESS15, Miy13]. Die Verpflichtung auf übereinstimmende Ziele und Werte hat dabei einen positiven Effekt auf die Motivation und das Verhalten [zit. nach ESS15, Miy13]. Außerdem wird *konkrete Hilfe* ermöglicht. Die konkrete Unterstützung durch Lernpartner ermöglicht das Erkennen und Lösen von Herausforderungen, das gemeinsame Suchen und Entwickeln von Ideen, den Austausch von Erfahrungen und die Zusammenarbeit an spezifischen Aufgaben [ESS15]. Beides deckt sich mit den Erkenntnissen der lernpsychologischen Betrachtung (vgl. Kapitel 3). Das KOPING-Verfahren kann daher einen positiven Einfluss auf den Lernerfolg bei eigenverantwortlichem Lernen haben und den Aufwand für die Lehrenden reduzieren, da die Lernenden versuchen, Probleme zuerst mit den Partnern, der Gruppe oder dem Netzwerk zu klären. Den Lehrenden wird hierbei die Rolle als „E-Tutor" zugeschrieben, die eher als Lernbegleiter methodisch assistieren anstatt den Fokus auf die Rolle als Fachexperten zu legen [ESS15, S. 20]. *E-Tutoring* steht in diesem Kontext für die sozio-emotionale und inhaltliche Betreuung, die Motivierung und Überwachung des Lernprozesses sowie die Förderung der Kommunikation in der Gruppe und unter den Lernenden [ESS15].

5 Exkurs: Umsetzung in der Praxis bei TechLabs e. V.

Die Initiative TechLabs e. V. spielt eine elementare Rolle für die Motivation zur thematischen Ausrichtung der vorliegenden Arbeit [4]. Daher soll in diesem Exkurs ein kurzer Vergleich zu identifizierten Aspekten hergestellt werden. TechLabs ist eine gemeinnützige Organisation, die sich als Ziel gesetzt hat, jungen Menschen mit unterschiedlichsten Vorkenntnissen eine Plattform zu bieten, um neben Studium oder Beruf IT- und Programmierfähigkeiten zu erwerben. Am ersten Standort Münster unterstützte TechLabs bereits über 150 Teilnehmende bei der Weiterbildung in den Bereichen Data Science, Künstliche Intelligenz und Webentwicklung. Die Planung und Betreuung erfolgen ehrenamtlich durch Studierende und junge Berufstätige.[1]

Zu Beginn wird für jeden der Teilnehmenden ein Lernplan aus Online-Kursen gestaltet. Dafür werden in einer Umfrage bisheriges Vorwissen und einzelne Bedürfnisse (z. B. der Wunsch nach mehr oder weniger Praxisbezug) erfasst und der Lernplan individuell gestaltet. Nach etwa einem Monat wird in einer erneuten Umfrage die Zufriedenheit erfasst und der Lernplan bedarfsgerecht angepasst. Trotzdem liegt hierbei eine *statische Lerner-Adaptivität* vor. Die Lernenden können selber einen der drei Tracks wählen und Lernzeit, -dauer und -tempo eigenständig festlegen, was für ein hohes Maß an *selbst-*

---

[1] Dieser Absatz ist in Anlehnung an eigene, unveröffentlichte Texte im Rahmen von Aufgaben in den Bereichen Fördermittel und Wettbewerbe.

reguliertem Lernen spricht. Die Online-Kurse werden aggregiert in einer klar strukturierten und LMS-ähnlichen Plattform eingebunden, um eine hohe *Einfachheit der Benutzung* zu gewährleisten. Dies ermöglicht auch die Evaluation der Lernfortschritte und die Einbindung *gamifizierter Elemente*. Jede Woche werden die Top 5 Lernenden der Woche, die Top 5 Lernenden seit Beginn des Semesters und die durchschnittliche Lernzeit pro Track seit Beginn des Semesters veröffentlicht. Dies vermeidet ein Hervorheben von langsamen Teilnehmenden und bietet kompetitive Phasen, die zeitlich begrenzte sind (wöchentlich) und zwischen Gruppen (durchschnittliche Lernzeit pro Track) stattfinden [vgl. ME09, LPF18]. Als besonders hilfreich haben sich *begleitende Maßnahmen* herausgestellt. Zu Beginn des Semesters werden bei einem persönlichen Treffen Abläufe und Funktionalitäten des Systems erklärt. Hierbei wird auch über mögliche Probleme beim Lernen gesprochen. Teilnehmende aus dem vorherigen Semester erzählen von ihren Herausforderungen bei selbstorganisiertem Lernen und berichten, was ihnen bei der Bewerkstelligung geholfen hat. Ein allgemein relevanter Aspekt ist die *soziale Einbindung*. Die Teilnehmenden treffen sich regelmäßig, beispielsweise für Workshops, Vorträge, oder soziale Veranstaltungen. Diese haben meist keinen direkten Bezug zu dem Gelernten, jedoch sind die Rückmeldungen zum regen Austausch und dem Gemeinschaftsgefühl sehr positiv. Das KOPING-Verfahren wird in dem Rahmen nicht angewendet. Allerdings werden die Teilnehmenden jeweils einem Mentor zugeordnet, der ein angemessenes Maß an Expertise in dem Themenbereich aufweist und auftretende Fragen im Lernprozess beantworten kann. Für das Überlassen von Gestaltungsspielräumen sowie der Vernetzung und Anwendung von Wissen steht am Schluss des Semesters ein Praxisprojekt an. Dabei werden bei der Zuteilung

Präferenzen und eigene Projektideen berücksichtig. Das Projekt besteht aus einem interdisziplinären Team aus drei bis fünf Teilnehmenden und wird durch die Mentoren mit Hilfestellungen unterstützt.

Für kommende Semester könnte es interessant sein, eine Brücke zwischen dem virtuellen Lernen und den Präsenztreffen zu schlagen. Dafür könnte ein Konzept entwickelt werden, bei dem das virtuell Gelernte bei den Treffen angewendet und diskutiert wird. Außerdem könnten nach Sympathie gewählte Lerntandems eine Möglichkeit sein, die Motivation der Teilnehmenden langfristig aufrecht zu erhalten. Allgemein scheinen flexible Communities wie TechLabs e. V. eine Möglichkeit darstellen, die Lernprozesse in Unternehmen und im Bildungswesen zu unterstützen.

6 Fazit

In der Organisation des digital gestützten Lernens spielen LMS eine zentrale Rolle. Im Rahmen der Arbeit wurde die interdisziplinäre Fragestellung untersucht, wie diese den Lernprozess optimal unterstützen können. Bei der technischen Betrachtung von LMS im *zweiten Kapitel* konnten notwendige Funktionalitäten und Anforderungen an die Systeme identifiziert werden. Eine weitere Erkenntnis ist, dass anhand von theoretischen Modellen der Wirtschaftsinformatik die Relevanz von Benutzerfreundlichkeit und begleitenden Maßnahmen gezeigt werden konnte. Insgesamt gibt das Kapitel einen Überblick über Anforderungen an den Aufbau und kann daher als Basis für die Entwicklung eines Modells für den bewertenden Vergleich von LMS genutzt werden. Bei den einzelnen Funktionalitäten ist eine detailliertere Betrachtung anhand der Umsetzung in der Praxis oder auf Grundlage empirischer Auswertungen denkbar.

Bei der nicht-technischen Betrachtung von LMS im *dritten Kapitel* zeigt sich, wie komplex die lernpsychologischen Abläufe sind und wie viele Faktoren für den Lernprozess zu beachten sind. Neben technischen Gegebenheiten kommen beispielsweise auch pädagogischen, psychologischen und soziologischen Faktoren eine große Bedeutung zu. Eine vielfach diskutierte Fragestellung ist, ob die Aufnahme der Lerninhalte und die Anleitung der Lehrenden im Vordergrund steht (Instruktionismus) oder der Fokus auf selbstorganisiertem Lernen sowie auf der individuellen und kontextgebundenen Konstruktion von Wissen liegen sollte (Konstruktivismus). Eine mögliche Vereinbarung dieser beiden Oppositionen ist der wissensbasierte Konstruktivismus. Zu Beginn werden instruktionale Anleitungen und Erkenntnisse über kognitive Vorgänge genutzt, um Vorwissen aufzubauen. Im Anschluss findet eine Vernetzung der Informationen statt, bei dem in selbstorganisiertem Lernen der Fokus auf dem Verständnis und einer individuellen Konstruktion von Bedeutung liegt. Als überraschend starker Einfluss auf den Lernerfolg wurde in dem Kapitel das emotionale Erleben der Lernenden identifiziert. Die Selbstbestimmungstheorie von Deci und Ryan bildet daher eine wesentliche Grundlage für die Schlussfolgerungen zur didaktischen Gestaltung. Die Implikationen umfassen die Adressierung der Kompetenz, das Überlassen von Gestaltungsspielräumen und die soziale Einbindung. Die Ergebnisse scheinen eine gewisse Validität zu haben, da die Theorie themenübergreifend in der Literatur auftaucht und sich ein Bezug zu empirischen Erhebungen erkennen lässt. Sehr wahrscheinlich müssen weitere Bereiche ermittelt werden, doch es erscheint nicht unrealistisch, dass die drei identifizierten im Aufbau eines LMS mit zu den relevantesten gehören. Aus diesem Grund sollen die Implikationen kurz zusammengefasst werden:

Für die *Adressierung der Kompetenz* ist es wichtig, dass die Lernenden nicht über- oder unterfordert werden. Die Lerninhalte sollten daher in kleinere Abschnitte unterteilt sowie minimalistisch und klar verständlich aufbereitet sein. Als besonders bedeutsam erweisen sich die Bereitstellung von Leistungsrückmeldung und die Förderung der Wissensvernetzung. Um die Diversität von Lernenden besser in Betracht zu ziehen, sollten individuelle Bedürfnisse berücksichtigt werden. Dabei kann auf Konzepte des selbstregulierten personalisierten Lernens zurückgegriffen werden. Adaptive Lernsysteme bieten Möglichkeiten, ihren Benutzern Inhalte anhand von Lernmerkmalen und Aktivitäten vorzuschlagen. Aktuell lässt sich ein Hype um die Learning Experience Platform erkennen, der in den nächsten

Jahren durch entsprechende wissenschaftliche und empirische Untersuchungen entscheidende Einsichten liefern könnte.

Für das *Überlassen von Gestaltungsspielräumen* sollten Ansichten des Konstruktivismus mit einbezogen werden und eine Gestaltung flexibler Lernumgebungen stattfinden, die die Lernenden in ihrer autonomen Selbstorganisation bestärken. Im LMS wirkt eine hohe Interaktivität mit dem System förderlich. Bei Übungen beinhaltet diese optimalerweise die Möglichkeit zur Modifikation des Inhalts und der Repräsentationsform, sowie eine intelligente Rückmeldung des Systems. Das Einbauen von Elementen des Spiel-Designs kann eine unmittelbare, konsistente und dichte Bedürfnisbefriedigung unterstützen. Mögliche Herangehensweisen sind das Herausfordern der Lernenden durch gamifizierte Elemente sowie eine Involvierung über ein heldenhaftes Narrativ.

Die *soziale Einbindung* ist ein kritisches Thema in digitalen Lernumgebungen, da eine Umsetzung über das Lernobjekt schwerer ist als im Präsenzlernen. Eine Möglichkeit ist das Konzept des Blended Learning, bei dem die Vorteile des Präsenzlernens mit denen des virtuellen Lernens kombiniert werden können. Um die positiven Möglichkeiten zu nutzen, ist es wichtig, dass Konzepte zur Vereinbarung beider Welten angewendet werden. Eine mögliche Vorgehensweise stellt das Flipped Classroom dar. Dabei wird über virtuelles Lernen Vorwissen aufgebaut, welches anschließend in einer Präsenzphase beurteilt und angewendet wird. Auch die Förderung vielartiger und intensiver Beziehungen in Lerntandems im Rahmen des KOPING-Verfahrens zeigt erfolgversprechende Möglichkeiten einer sozialen Einbindung. Für weitere Forschung könnte die detaillierte Analyse von kommunikationsfördernden Maßnahmen innerhalb digitaler Lernumgebungen wichtige Handlungsempfehlungen liefern.

Anhand der erzielten Ergebnisse gilt es für die zukünftige Forschung in dem Bereich, die neu entstandenen Möglichkeiten abzuwägen und eine starke Zusammenarbeit von lernpsychologischen und informationstechnischen Experten zu forcieren.

7 Literaturverzeichnis

[AB07] Arbaugh, J. B.; Benbunan-Fich, R.: The importance of participant interaction in online environments. In Decision Support Systems, 2007, 43; S. 853–865.

[AKAG15] Arnold, P. et al.: Handbuch E-Learning. Lehren und Lernen mit digitalen Medien. Bertelsmann, Bielefeld, 2015.

[AS68] Atkinson, R. C.; Shiffrin, R. M.: Human Memory: A Proposed System and its Control Processes. In (Spence, K. W.; Spence, J. T. Hrsg.): The psychology of learning and motivation. Elsevier, Oxford, England, 1968; S. 89–195.

[BHM04] Baumgartner, P.; Häfele, H.; Maier-Häfele, K.: Virtuelle Personalentwicklung. Status und Trends IuKT-gestützten Lernens. Deutscher Universitätsverlag, Wiesbaden, 2004.

[BM05] Bürg, O.; Mandl, H.: Akzeptanz von E-Learning in Unternehmen. In Zeitschrift für Personalpsychologie, 2005, 4; S. 75–85.

[Bou17] Bouzo, A.: Was ist eigentlich ein Learning Management System? In (Siepmann, F.; Fleig, M. Hrsg.): ELearning Journal - Praxisratgeber 2017/2018. ELearning in Unternehmen nachhaltig einsetzen. eLearning Journal, Hagen, 2017; S. 26–35.

[BS12]   Bergmann, J.; Sams, A.: Flip your classroom. Reach
              every student in every class every day.
              International Society for Technology in
              Education, 2012.

[CS91]   Chandler, P.; Sweller, J.: Cognitive Load Theory
              and the Format of Instruction. In Cognition
              and Instruction, 1991, 8; S. 293–332.

[DBW89]   Davis, F. D.; Bagozzi, R. P.; Warshaw, P. R.: User
              Acceptance of Computer Technology: A
              Comparison of Two Theoretical Models. In
              Management Science, 1989, 35; S. 982–
              1003.

[DCW09]   Davis, B.; Carmean, C.; Wagner, E.: The Evolution
              of the LMS: From Management to Learning.
              Deep Analysis of Trends Shaping the Future
              of e-Learning. In The eLearning Guild, 2009,
              24; S. 1–21.

[DDKN11]   Deterding, S. et al.: From game design elements to
              gamefulness. In (Lugmayr, A. et al.
              Hrsg.): Proceedings of the 15th
              International Academic MindTrek
              Conference on Envisioning Future Media
              Environments. ACM Press, New York, USA,
              2011; S. 9–15.

[DM15]   Dräger, J.; Müller-Eiselt, R.: Die digitale
            Bildungsrevolution. Der radikale Wandel
            des Lernens und wie wir ihn gestalten
            können. Deutsche Verlags-Anstalt,
            München, 2015.

[Ege06]   Egenfeldt-Nielsen, S.: Overview of research on the
            educational use of video games. In Nordic
            Journal of Digital Literacy, 2006, 1; S. 184–
            213.

[Erp13]   Erpenbeck, J.: So werden wir lernen!:
            Kompetenzentwicklung in einer Welt
            fühlender Computer. Springer Berlin
            Heidelberg, 2013.

[ESS15]   Erpenbeck, J.; Sauter, S.; Sauter, W.: E-Learning
            und Blended Learning. Selbstgesteuerte
            Lernprozesse zum Wissensaufbau und zur
            Qualifizierung. Springer Fachmedien
            Wiesbaden GmbH, Wiesbaden, 2015.

[FBU10]   Fromme, J.; Biermann, R.; Unger, A.: »Serious
            Games« oder »taking games seriously«? In
            (Hugger, K.-U.; Walber, M. Hrsg.): Digitale
            Lernwelten. Konzepte, Beispiele und
            Perspektiven. VS Verlag für
            Sozialwissenschaften / GWV Fachverlage
            GmbH Wiesbaden, Wiesbaden, 2010; S. 39–
            57.

[FCDT06]   Falmagne, J.-C. et al.: The Assessment of
            Knowledge, in Theory and in Practice. In
            (Missaoui, R.; Schmidt, J. Hrsg.): Formal
            Concept Analysis. Springer Berlin
            Heidelberg, Berlin, Heidelberg, 2006; S. 61–
            79.

[FM14]   Findlay, S.; Mombourquette, P.: Evaluation of a
            flipped classroom in an undergraduate
            business course. In Business Education &
            Accreditation, 2014, 6; S. 63–71.

[Fra86]   Franz, H.: Bewältigung gesundheitsgefährdender
            Belastungen durch soziale Unterstützung in
            kleinen Netzen. Überlegungen der Relevanz
            eines sozialepidemiologischen
            Forschungsansatzes für das
            Erziehungswesen, 1986.

[GA07]   Garrison, D. R.; Arbaugh, J. B.: Researching the
            community of inquiry framework: Review,
            issues, and future directions. In The
            Internet and Higher Education, 2007, 10;
            S. 157–172.

[GBW98]   Gagné, R. M.; Briggs, L. J.; Wager, W. W.: Principles
            of instructional design. Harcourt Brace
            College Publishers, Fort Worth, 1998.

[Gon13]   Gonzales-Scheller, P.: Trendthema Gamification: Was steckt hinter diesem Begriff? In (Diercks, J.; Kupka, K. Hrsg.): Recrutainment. Springer Fachmedien Wiesbaden, Wiesbaden, 2013; S. 33–51.

[GT95]   Goodhue, D. L.; Thompson, R. L.: Task-Technology Fit and Individual Performance. In MIS Quarterly, 1995, 19; S. 213.

[HCSJ16]   Hill, T.; Chidambaram, L.; Summers, J. D.: Playing 'catch up' with blended learning: performance impacts of augmenting classroom instruction with online learning. In Behaviour & Information Technology, 2016, 6; S. 1–9.

[HG17]   Hasselhorn, M.; Gold, A.: Pädagogische Psychologie. Erfolgreiches Lernen und Lehren. Kohlhammer, Stuttgart, 2017.

[KE14]   Khalil, H.; Ebner, M.: MOOCs completion rates and possible methods to improve retention. A literature review. In World Conference on Educational Multimedia, Hypermedia and Telecommunications, 2014; S. 1236–1244.

[KE15]   Knaus, T.; Engel, O.: FraMediale. Tagungsband zur FraMediale. kopaed, München, 2015.

[Kel16]   Kellogg, R. T.: Fundamentals of cognitive psychology. SAGE Publications, Thousand Oaks, 2016.

[Ker13]   Kerres, M.: Mediendidaktik. Konzeption und Entwicklung mediengestützter Lernangebote. Oldenbourg, München, 2013.

[Ker18]   Kerres, M.: Mediendidaktik. Konzeption und Entwicklung digitaler Lernangebote. Walter de Gruyter GmbH, Berlin/Boston, 2018.

[KH06]   King, W. R.; He, J.: A meta-analysis of the technology acceptance model. In Information & Management, 2006, 43; S. 740–755.

[Kra05]   Krapp, A.: Das Konzept der grundlegenden psychologischen Bedürfnisse. Ein Erklärungsansatz für die positiven Effekte von Wohlbefinden und intrinsischer Motivation im Lehr-Lerngeschehen. In Zeitschrift für Pädagogik, 2005, 51.

[Kra10]   Krapp, A.: Pädagogische Psychologie. Ein Lehrbuch. Beltz, PVU, Weinheim, 2010.

[KS14]   Krapp, A.; Seidel, T. Hrsg.: Pädagogische Psychologie. Mit Online-Materialien. Beltz, Weinheim, Basel, 2014.

[LHP04]   Lipponen, L.; Hakkarainen, K.; Paavola, S.:
               Practices and Orientations of CSCL. In
               (Strijbos, J.-W.; Kirschner, P. A.; Martens, R.
               L. Hrsg.): What We Know About CSCL.
               Springer Netherlands, Dordrecht, 2004;
               S. 31–50.

[Lie09]   Lieberman, D. A.: Designing serious games for
               learning and health in informal and formal
               settings. In (Cody, M. J.; Vorderer, P.;
               Ritterfeld, U. Hrsg.): Serious games:
               mechanisms and effects. Routledge, New
               York, 2009; S. 117–130.

[LPF18]   Loderer, K.; Pekrun, R.; Frenzel, A. C.: Emotionen
               beim technologiebasierten Lernen. In
               (Kracht, S.; Niedostadek, A.; Sensburg, P.
               Hrsg.): Praxishandbuch Professionelle
               Mediation. Springer Berlin Heidelberg,
               Berlin, Heidelberg, 2018; S. 1–21.

[Mar06]   Maresch, G.: Die Cognitive Load Theory - Kriterien
               für multimediale Lernmaterialien. In
               eLearning-Didaktik an Österreichs Schulen,
               2006, 1; S. 1–8.

[ME09]   Murayama, K.; Elliot, A. J.: The joint influence of
               personal achievement goals and classroom
               goal structures on achievement-relevant
               outcomes. In Journal of Educational
               Psychology, 2009, 101; S. 432–447.

[Mel19]   Melzer, P.: A Conceptual Framework for
             Personalised Learning. Influence Factors,
             Design, and Support Potentials. Springer
             Fachmedien Wiesbaden, Wiesbaden, 2019.

[Miy13]   Miyashiro, M. R.: Der Faktor Empathie. Ein
             Wettbewerbsvorteil für Teams und
             Organisationen. Junfermann, s.l., 2013.

[MK09]   McGill, T. J.; Klobas, J. E.: A task–technology fit
             view of learning management system
             impact. In Computers & Education, 2009,
             52; S. 496–508.

[Mot18]   Motyka: Digitales, spielbasiertes Lernen im
             Politikunterricht. Springer Fachmedien
             Wiesbaden, 2018.

[MS15]   Melzer, P.; Schoop, M.: A Conceptual Framework
             for Task and Tool Personalisation in IS
             Education. In (Leidner, D.; Ross, J.
             Hrsg.): The 36th International Conference
             on Information Systems (ICIS 2015).
             Proceedings, 2015; S. 1–8.

[NTP12]   Naveh, G.; Tubin, D.; Pliskin, N.: Student
             satisfaction with learning management
             systems: a lens of critical success factors. In
             Technology, Pedagogy and Education, 2012,
             21; S. 337–350.

[OSB14]   Onah, D. F. O.; Sinclair, J.; Boyatt, R.: Dropout rates
               of massive open online courses. behavioural
               patterns. In (Gómez Chova, L.
               Hrsg.): Edulearn14. Conference
               proceedings. International Association of
               Technology, Education and Development
               (IATED), s.l., op. 2014; S. 5825–5834.

[PLP+12]   Peng, W. et al.: Need Satisfaction Supportive Game
               Features as Motivational Determinants: An
               Experimental Study of a Self-Determination
               Theory Guided Exergame. In Media
               Psychology, 2012, 15; S. 175–196.

[POH13]   Plass, J. L. et al.: The impact of individual,
               competitive, and collaborative mathematics
               game play on learning, performance, and
               motivation. In Journal of Educational
               Psychology, 2013, 105; S. 1050–1066.

[PRS03]   Paas, F.; Renkl, A.; Sweller, J.: Cognitive Load
               Theory and Instructional Design: Recent
               Developments. In Educational Psychologist,
               2003, 38; S. 1–4.

[Ren15]   Renkl, A.: Wissenserwerb. In (Wild, E.; Möller, J.
               Hrsg.): Pädagogische Psychologie. Springer
               Berlin Heidelberg, Berlin, Heidelberg, 2015.

[Rey12]   Rey, G. D.: A review of research and a meta-analysis of the seductive detail effect. In Educational Research Review, 2012, 7; S. 216–237.

[RR11]   Rigby, S.; Ryan, R. M.: Glued to games. How video games draw us in and hold us spellbound. Praeger, Santa Barbara, Calif, Denver, Colorado, Oxford, 2011.

[Rud02]   Rudestam, K.E. Hrsg.: Handbook of online learning. Innovations in higher education and corporate training. SAGE, Thousand Oaks, 2002.

[Sai16]   Sailer, M.: Die Wirkung von Gamification auf Motivation und Leistung. Dissertation, 2016.

[SAK11]   Sweller, J.; Ayres, P.; Kalyuga, S.: Cognitive Load Theory. Springer New York, New York, NY, 2011.

[Sch05]   Schulmeister, R.: Lernplattformen. Optimierung der Ausbildung oder didaktischer Rückschritt? EMPA-Akad, Dübendorf, 2005.

[Sch09]   Schulmeister, R.: eLearning: Einsichten und Aussichten. Oldenbourg, München, 2009.

[Sch17]   Schulmeister, R.: Lernplattformen für das virtuelle Lernen. De Gruyter, 2017.

[SCHD14]   Shi, L. et al.: Contextual Gamification of Social Interaction – Towards Increasing Motivation in Social E-learning. In (Popescu, E. et al. Hrsg.): Advances in Web-Based Learning – ICWL 2014. Springer International Publishing, Cham, 2014; S. 116–122.

[SKOC07]   Salisch, M. v. et al.: Computerspiele mit und ohne Gewalt. Auswahl und Wirkung bei Kindern. Kohlhammer, Stuttgart, 2007.

[SLT18]   Süss, D.; Lampert, C.; Trültzsch-Wijnen, C. W.: Medienpädagogik. Ein Studienbuch zur Einführung. Springer VS, Wiesbaden, 2018.

[Ste15]   Steffens, K.: Competences, Learning Theories and MOOCs: Recent Developments in Lifelong Learning. In European Journal of Education, 2015, 50; S. 41–59.

[Swa01]   Swan, K.: Virtual interaction: Design factors affecting student satisfaction and perceived learning in asynchronous online courses. In Distance Education, 2001, 22; S. 306–331.

[Van07]   van Eck, R.: Building Artificially Intelligent Learning Games. In (Aldrich, C.; Gibson, D.; Prensky, M. Hrsg.): Games and simulations in online learning. Research and development frameworks. IGI Global, Hershey, Pa, 2007; S. 271–307.

[WH01]   Wilbers, K.; Hohenstein, A.: Handbuch E-Learning.
           Expertenwissen aus Wissenschaft und
           Praxis. Deutscher Wirtschaftsdienst, Köln,
           2001.

[Woo08]   Woolfolk, A.: Pädagogische Psychologie. Pearson
           Studium, München, 2008.

[WS08]   Wahl, D.; Schmidt, E.-M.: Kommunikative
           Praxisbewältigung in Gruppen. In (Mutzeck,
           W.; Schlee, J. Hrsg.): Kollegiale
           Unterstützungssysteme für Lehrer.
           Gemeinsam den Schulalltag bewältigen.
           Kohlhammer, Stuttgart, 2008.

Liste der Webseiten

[1]   Bersin, J.: The Learning Experience Platform
           (LXP) Market Expands. 2018.
           https://joshbersin.com/2018/09/the-
           learning-experience-platform-lxp-market-
           expands/ - Zuletzt abgerufen: 2019-07-20

[2]   Bersin, J.: Learning Experience Platform (LXP)
           Market Grows Up: Now Too Big To Ignore.
           2019.
           https://joshbersin.com/2019/03/learning-
           experience-platform-lxp-market-grows-up-
           now-too-big-to-ignore/ - Zuletzt abgerufen:
           2019-07-21

[3]   edyoucated. *www.edyoucated.org* - Zuletzt abgerufen: 2019-07-21

[4]   TechLabs e. V. *www.tech-labs.de* - Zuletzt abgerufen: 2019-07-28

[5]   Codecademy: Learn Python. *www.codecademy.com/learn/learn-python* - Zuletzt abgerufen: 2019-07-16

8 Anhang

Screenshot von codecademy.com

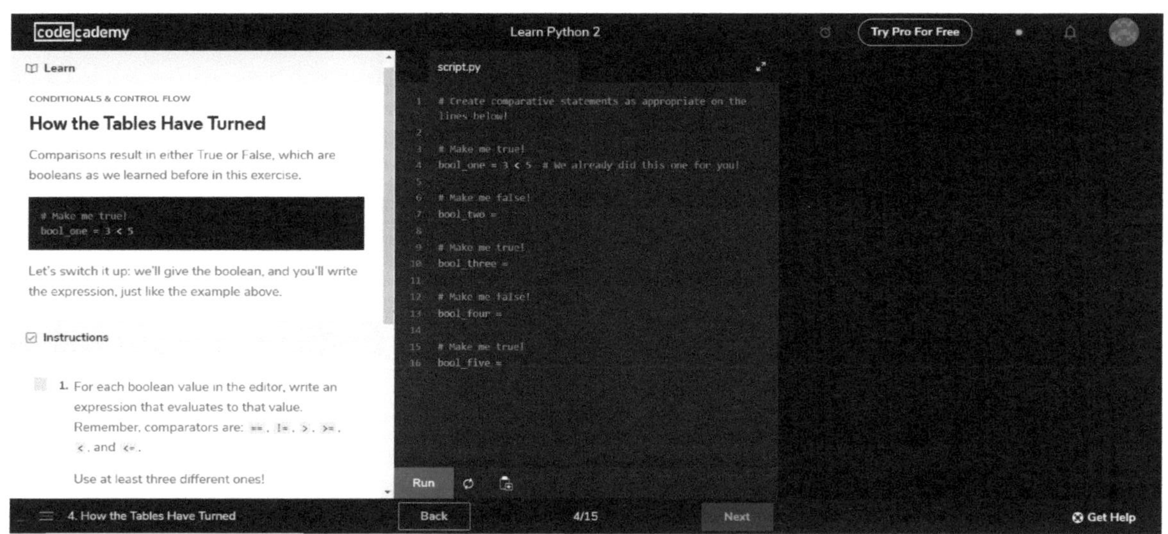

Screenshot von codecademy.com

Quelle: [5]